ALI ABDOU DRAMANE DIANE

carnet de voyage

ALI ABDOU DRAMANE DIANE

carnet de voyage

a la decouverte

Éditions Muse

Imprint

Cover image: www.ingimage.com

Publisher:
Éditions Muse
is a trademark of
Dodo Books Indian Ocean Ltd., member of the OmniScriptum S.R.L Publishing group
str. A.Russo 15, of. 61, Chisinau-2068, Republic of Moldova Europe
Printed at: see last page
ISBN: 978-620-2-29984-8

DIANE ALI ABDOU DRAMANE

01 BP 571 OUAGA 01

TEL :0022670280184 / 65877475

E-mail :aliabdoudramanediane@yahoo.com

MC DAAD COOL

CARNET DE VOYAGE

« à la decouverte »

Via ce recit j'essaie de ma manière de parler de toutes les vestiges culturelles, coutumières et traditionnelles et pour valoriser et mettre en exgerbe tous ces cites touristiques éparpillés un peu partout dans ce pays des hommes intègres qui est une deuxième patrie pour moi souvent vécu directement et indirectement par mes inombrables voyages . Et merci

Ma famille et moi sommes nous peut être les premiers de notre clan que l'envie ait fait sortir de notre patrie pour aller chercher laborieusement la sagesse , la connaissance et decouvrir les frontières qui fusses au-delà des miennes en renonçant aux douceurs d'une vie tranquille ; nées dans un village du nom de kissidougou en haute guinée florisante d'où nous crûmes que ces frontières fussent celles de nos connaissances et que seule la culture ; les rites ; la tradition et la lumière maniga « dioula » nous éclaire et qu'elle nous suffisait .alors père mande moi de ce que l'on dit de notre sortie sans me flater car je ne compte pas sur un grand nombre d'appreciateurs et dit à ta femme namaro ma mère ; ainsi qu'à mes sœurs kouhota et madjoutoubaga et à tous les membres de la famille diané et nos voisins que d'où que nous serons et en quelque lieu nous penserons toujours fort à vous .et en quittant ce matin à kissidougou en abandonnant nos parents on s'était mis en route et depuis plusieurs heures voilà que nous roulons sur ces routes vers le pays des hommes intègres et dans un car qui roule vaille que vaille et après kankan ; conakry on progressait vers le mali un pays frontalier à notre patrie parlant presque les mêmes dialètes et un pays de transite et qu'on devra traverser avant d'atteindre le pays des hommes intègres (le burkina faso) nom composé de dialete mossi et bamana ou dioula dont burkina ou burkindi veut dire homme intègre et faso terre des pères et qui est un pays enclavé ,loin des mers avec plusieurs voisinages comme le mali, le niger , le ghana, la cote d'ivoire, le togo et le benin juste au cœur de l'afrique de l'ouest et reconnu mondialement par ces diversités culturelles, cinématographiques, artistique et touristique à travers son salon internationale de l'artisanat de ouagadougou, sa semaine nationale de la culture de bobo dioulasso, son salon international du tourisme et de l'hotelerie, son festival panafricain du cinéma de ouagdougou, ces nuits atypiques de koudougou, le FITD , le festima de dedougou, les ruines de loropeni decreté comme patrimoine culturel mondiale par l'unesco, les fallaises de sindou, les poissons sacrés de dafra, la marre d'hipopotames, la guinguette, les caimas sacrés de sabou et de bazoulé, le sanctuaire des rois gans à obiré, la cascade de banfora etc avec ses deux cent soixante quatorze mille kilomètres carré de superficie il se presente comme un pays bénis de dieu et qui n'a jamais connu de conflit interne sur son sol malgré les multiples éthnies qui le compose mossi, gourounsi , gourmatché, dioula, peulh, bissa, samo, bobo, dagara, lobi, gouain, etc co-habitent ensemble dans un lien solide de parenté à plaisanterie.pays à regime d'abord anarchique puis coloniale, militaire, révolutionnaire et democratique aujourd'hui avec blaise compaoré suite à un coup d'état sur la personne du capitaine thomas sankara dont nous savons tous le debut et la fin de cette tragique histoire dans ce cher burkina faso qui n'est autre que cette ancienne haute-volta et qui n'a pris cette appelation qu'après plusieurs évènements survenu dans le pays depuis son indépendance en mille neuf cent soixante un onze décembre mais proclamé un cinq aout et jusqu'à un quatre aout mille neuf cent qutre vingt trois avec ce jeune révolutionnaire sortie de la gente militaire avec ces compagnons d'armes fideles pour renverser le système de la gouvernance sankara, blaise, lingani et henris par un coup d'état et dont lui-même il fut victime à la suite d'une trahison par l'un d'eux comme mon aieul samory touré qui s'opposa vaillamment à la pénétration coloniale en afrique et qui fut trahis par un proche et qui mourut deporté loin de sa patrie la guinée au gabon un deux juin mille neuf cent et contraire au sort de sankara qui fut lui decapité comme on le dit depiecé par un tir de roquette le soir d'un jeudi noire sur le terrain de sport du conseil un quinze octobre mille neuf cent quatre vingt sept à dix sept heure pour transformer la révolution en démocratie puis en mangecratie comme partout ici dans nos pays africains de ce meme slogan mangez et taisez vous en plus de la forte corruption dans tous ces états et comme on allait se retrouver dans une confrerie de langue et d'éthnie sur la terre des hommes intègres composé de mossi en majorité avec quelques minorités gourmantché, gourounsi, lobi, dagari, tiefo, gouain, samos, bobo, dioula, peulh, gans, birifo, djan, bissa pour ne citer que ceux-ci avec une population estimé à plus de treize millions d'habitants qui co-habitent ensemble à tous les niveaux de la vie sociale sans distinction meme avec les étrangers de toute nationalité, ethnie et race. Et on ne sait d'où est arrivé ce jeune capitaine avec ses amis et qui voulait ressembler à ses frères revolutionnaires comme lenine, fidel castro, kadhafi avec des ambitions qu'un jeune athlète qui se trouve en compagnie des professionnels et qui veut se hisser au sommet du podium dont quand il reussit on l'acclame, l'applaudit médaille au cou. Et dejà on se sentait prise au piège entre plusieurs civilisations, l'autochtonisme et la modernité dans ce pays situé sous les tropiques et qui se trouve victime de plusieurs facteurs climatiques et aléatiques moyennant par zone de decoupage dont on a le sahel où il fait très chaud en période de chaleur et très froid en période de froid avec de faible precipitation moins de cinq cent millimètres et qui ne dur que deux mois saison pluvieuse, suivi du soudano-sahelien un peu équilibré avec des precipitations depassant les un mètre et ensuite soudanaise très bien arrosé avec des precipitations depassant souvent les deux mètres ; pays agricole à près de quatre vingt pour cent dans le cereale et surtout le coton l'or blanc qui est un culture de rente et source de revenue des milliers de burkinabés puis ya l'élévage, la pêche accompagné par quelques usines de transformation et de production éparpillées un peu partout à travers le pays mais très concentré dans les deux grandes villes du pays ouagadougou et bobo-dioulasso en plus de fada, banfora, koudougou, dedougou, etc et qui malgré tout son économie demeure toujours tributaire, deficitaire et dependant de l'aide exterieur et meme s'il a un sous-sol un peu riche en quelques matières premières comme l'or, le cuivre, le phosphate, le vanadium etc. sankara né un vingt un decembre dix neuf cent quarante neuf c'est-à-dire quatre ans après la fin de cette grande guerre meurtière de l'humanité la deuxième guerre mondiale et qui a tant marqué le monde sur tous les plans et qui a vu l'affirmation de la puissance des grands états de ce mondes et des recherches scientifiques et militaire avec l'utlisation des deux premières bombes nucleaire. Alors né à yako dans la province du passoré d'un père peulh et d'une mère mossi une des quarante cinq provinces du pays où il poussa ses enfances et ses études primaires avant de poursuivre ses études secondaires à ouaga capitale économique, politique , historique et coloniale et où il reçu avec brio tous ses examens de passage et meme si dans sa jeunesse rien ne lui était remarquable à part sa discretion dans ses études et sa predilection pour l'avenir à la fin des années soixantes et surtout son paasge en dix neuf cent soixante douze à l'academie militaire d'anti-siraba au madagascar où il obtenait ces galons d'officier et dont on en souvient encore de lui ce personnage calme et reservé et qui ne fumait point , ne sortait point, ne buvait point et ne fêtait point en pays malgache et qui fut un de ses performances à l'école de para de pau en France et à rabat au maroc et qui n'en fut pas plus de lui un fêtard et meme pas plus tard quand son imagerie populaire commença à monter et dont ce visionnaire lointain avait tout d'un barroudeur émaillé d'un halo de mystère après sa sortie de l'école de para en France et illustré en dix neuf cent soixante quatorze de ce pauvre conflit frontalier entre le mali et son pays . alors vite il fut reconnu par ces convictions progressistes car il n'hésitait pas à chambouler l'apolitisme pensant que tout le monde devrait se lier pour s'éduquer et travailler pour contribuer au développement du pays et que ces idées franchement exprimées lui valut des déboires de nationaliste moderé meme s'il n'avait pas envie de se mêler de la politique avec son calme reservé, intègre et déplorant l'impuissance et la stérilité de la masse populaire et estimant que l'on ne doit jamais trahir sa fidelité et son dévoir d'agir ; alors ainsi sortit de l'ombre en janvier ,il devient ministre et cela ne tarie à rien ces idéologies car il avait toujours continué à s'exprimer publiquement et qui suicitèrent des divergences. Mais comme un lion ne s'interdit jamais de chasser sur des terres étrangères ; alors devenu homme fort de son pays en dix neuf cent quatre vingt trois il tomba vite par trahison en dix neuf cent quatre vingt sept oui celui là meme qui fut le héros de son pays à cause de ce conflit frontalier et qui s'était porté volontaire pour aller au front et dont ce fut son unité qui eut à resister plus au deferlement des ennemis et parmi lesquels ils furent beaucoup de prisonniers et qui n'ordonnait pas à ces hommes en avant mais suivez moi et dont l'épisode avait servit de levain à son ambition meme si à cette époque là on parlait peu des héros et qui était très proche de ces hommes à pô dans la province du nahouri renommé à cause de son pic une site touristique à quelques avales de la frontière du gold cost le nouveau ghana et qui est aussi un site d'attraction qui chaque année une montée au sommet est organisé pour mettre en exgerbe les professionnels et les amateurs . Et à pô où il commandait il jouait dans l'orchestre militaire comme guitariste et le continuait toujours courant partout et où il lança l'association soldat-civil dans les champs de mil et qui grandit son populisme par la valeur de ces idées en surcroit. Et quatre vingt étant ministre il fut logé à kamsonghin quartier modeste de ouaga et qui lui donnait encore plus de pouvoir pour dire ouvertement ses faits à ces superieurs avant de demissionner en quatre vingt deux spectaculairement et après avoir menacé de ces divergences et qui lui value une mise en résidence surveillée dans la ville de dedougou province du mouhoun et d'où il remina moins sa revenche bien que pour le moins son programme anti militaire au regard du classisme militaire. Alors dechu de sa grade de capitaine il apprend vite et humilié parce qu'il a été degradé publiquement et officiellement un vingt cinq decembre dix neuf cent quatre vingt deux et son sang fier de peulh ne fut qu'un seul tour avant que son esprit combatif du mossi ne surgit en lui et dont ayant retourner comment ses amis du passé à pô on ne le sait pas il fut l'âme d'un coup d'état le sept novembre dix neuf cent quatre vingt deux qui renversa son ennemi et qui dans la nouvelle équipe qui fut crée il trouva d'autres trucs pas correctes et resta dans l'ombre et alla jusqu'à dementir qu'il ait été le cerveau de ce coup modestie sans doute et stratégie surtout comme on a l'habitude de dire que pour mieux sauter il faut prendre du recul, étrange conception du légalisme une des interpretation de son mythe et surtout parce qu'il attendait d'etre rehabilité dans ses grades de capitaine et qui ne ce fut que deux mois après et integré de nouveau dans le groupe il sera relogé à kamsonghin et se voir offrir une mazda dont il se decouvrit aussi brillant que discret qui revele ces sympathies de toujours pour le cercle de la remuante équipe dirigeante du pays où il profita mettre dans tous les rouages ces hommes ;mais ces obsessions et ces slogans restaient toujours les memes la justice pour les masses deshéritées c'est-à-dire la classe laborieuse sous on impulsion et dont ses discours seduisaient tout le monde bien qu'il ne soit pas un tribun mais parce qu'il mettait toute sa conviction et sa sinceretė et parce qu'il parlait aussi à gauche au nom du peuple et qui lui a value d'etre rebaptisé du fait de sa popularité , de son arrogance legendaire comme un seize avril lors d'un meeting il fut très intimidé par des banderoles et qui depuis ce jour là ce ne fut plus sa personne qui fut mis en cause mais son avenir cet homme qui avait une vie rangée et très simple en bon père de famille et son courage. Alors arrivé au pouvoir plus tard il commença à mettre en place ces idées progressistes tout d'abord en confectionna des tenues purement coton à l'usine faso fani implanté à koudougou dans la province du boulkiemdé appelé tenue léopard pour l'armée tiré d'un de ces slogans produisons et consommons burkinabé tout en interdisant l'exportation de certains denrées alimentaires hors du pays pour preserver l'auto-suffissance alimentaire et la baisse de prix de certains articles de grande consommation, la reforme du système de la santé, de l'éducation, de la justice et par l'arrestation de tous ceux qui ont eu à piller le denier public, l'argent de l'état en les jugeant par un tribunal populaire et en les condanant avec des amendes à payer ainsi que le redressement de l'appareil de l'état et de tous les systèmes et la mise en place d'une comité de surveillance dans chaque service pour les agents retardataires, et l'instauration du sport de masse pour tout le monde chaque jeudi soir à dix sept heure, la creation de grands champs cultivables initié depuis avec l'armée et une comité de defense revolutionnaire les CDR qui apportèrent de grands changements dans le pays et qui contribua au reveil de mentalité de la population pour s'associer au developpement du pays avec des prestiges et des exploits et ne se deplaçant qu'avec une fine équipe de garde et dont on lui reconnaissait cette dignité ,cette correction que les saheliens exigent de tout homme public mais il commit des erreurs politiques et pas seulement en affichant d'inquiètudes relations avec l'exterieur et non surtout avec castro ou kadhafi mais ces idées qui lui fut paraitre très vite comme un dur voulant rompre avec l'ordre ancien et qu'il n'a pas été comprit par la classe desherité encore trop prit dans le carcan de la hiérachie ancestrale de cette classe laborieuse qui l'écoutait dont lui-même ne savait pas qu'il devait se liberer pour ne pas se retrouver prophète à precher seul dans le desert car il était arrivé un peu trop tot dans un pays encore primitif d'esprit pour son propre developpement et très compressé et qui avait besoin du changement et à manger mais vite l'horizon avait noircit, l'avenir avait sombrit, le temps s'était arreté, des tons ce sont montés puisqu'il n'avait pas su appliqué les vraies règles de cette doctrine d'une revolution naissante comme le vôtre commencer par eliminer tout element suspect, genant et proche en vue de former une nouvelle équipe et dont ce refus fut la base de sa propre chute, de sa deroute, de sa perte, de sa descente en enfer et encore plus bas par sa mort, sa disparition causé par un proche suite une trahison et qui depuis lors dirige le pays à main de fer , de crime, de silence, de corruption, de mangecratie et sans partage comme dans tous nos pays africains avec ces dirigeant vereux qui s'accrochent au pouvoir comme des censures des années de suite et en plusieurs mandats triqué . et cet homme qui ne se portait jamais superieur à son prochain et qui était aimé de tous et qui était contre l'exploitation de l'homme par l'homme et qui disait ouvertement ces propos dans son propre pays comme à l'exterieur de ces frontières et qui fut des deboires de divergences avec ces collègues dirigeants comme celui de la cote d'ivoire monsieur felix houphouet boigny paix à son âme et en plus d'une portion de frontière vers bouaké que le colonisateur a du fait une mauvaise tracée et qui lui fut aimé par d'autres collègues comme celui du ghana, et hors meme de ces frontières et ainsi l'homme voyageait et transportait partout ces idées progressistes, ces mots, ces luttes contre la corruption, l'exploitation des masses desheritées, pour une santé, education, auto-suffisance alimentaire et logement pour tous et dont tout devait passer le developpement de l'agriculture comme lors de cette rencontre des membres de l'union africaine à addis-abeba dont il fut une declaration à l'endroit de la communauté internationale et surtout à l'endroit de ces bailleurs de fond concernant la dette exterieur que doit les pays africain à ces derniers en les faisant savoir que son pays par sa voix decide de ne pas payer de tout ce qu'il leur est redevable et que le pays qui souhaite payer son president peut sortir sur le champ prendre son avion et aller regler sa part de dette car l'exterieur doit beaucoup à l'afrique par les tribu payés par ces fils pendant les deux guerre mondiales dont l'afrique n'avait rien à avoir dedans, la colonisation , l'esclavage , le pillage de ces sous sols, la deportation et une declaration qui value à son pays plus tard une reduction de sa dette exterieur et qui renforçait ces relations à travers le monde et dont il fut reçu partout avec acclamation , respect et conviction comme à l'élysée, kremlin, white house aux usa, pékin, tokyo ,lybie, cuba etc et meme au siège de l'onu où il fut une declaration remarquable de près de deux heures d'horloge comme dans ses habitudes et sans paperasses en plaidant au nom du monde entier un quatre octobre dix neuf cent quatre vingt quatre sur ces propos qui étaient comme suite « je parle ici au nom de ces milliers d'hommes qui sont dans les ghetos parce qu'ils ont la peau noire et qui ont une culture differente de celle de l'envahisseur et qui ne beneficie d'un statue à peine superieur à celui d'un animal en faisant allusion à l'oppression que subit ce peuple d'afrique du sud à cause de l'apartheid et contre lequel nelson mandela a voué plus de la moitié de sa vie à lutter avec son parti le congrès national africain et à ces cotés sa femme willie et qui lui value une emprisonnement de près de vingt sept ans tout en poursuivant sa lutte, son ideologie de l'interieur de sa celule et cela cela jusqu'à l'arrivé au pouvoir de frederic de clerc élu democratiquement et qui signa sa liberation un deux fevrier dix neuf cent quatre vingt dix et qui fut l'installation de la democratie dans cette partie de l'afrique et le renversement de vapeur et de changement après trois cent soixante années de domination incontestée et d'exploitation de l'envahisseur et après celle des rois noirs comme chaka zoulou et qui accomplissait par la suite son destin en devenant par les urnes le premier president noir et qui fut beaucoup de crimes impunies comme un peu partout à travers le monde entier, bosnie, sarajevo, burundi, rwanda, tchad, etc pareil aux sorts de ces indiens de l'amerique envahis en mille quatre cent qutre vingt douze par christophe colombe en les chassant comme des betes. Oui je souffre aux noms de ces indiens massacrés, ecrassés, humiliés et confinés depuis des siècles dans des reserves afin qu'ils n'aspirent à aucun droit et meme pas pour que leur culture s'enrichisse en convalant en noce heureuse au contact d'autres cultures et meme y comprit celle de l'envahisseur, je m'exclame au nom des chomeurs d'un système structurellement injuste et conjoncturellement desaxé , reduit à ne percevoir la vie que par le reflet de celle des plus nantis, je parle également au nom des femmes du monde entier qui souffrent d'un système d'exploitation imposé par les mâles et pour ce cas qui me concerne comme vous également et dont nous sommes prets à accueillir toutes les suggestions du monde entier qui nous permettrons de parvenir à un épanouissement total de la femme du monde entier et en generale celles de mon pays le burkina faso dont en retour nous donnerons en partage à tous les pays l'experience positive que nous allons entreprendre avec les femmes et qui seront desormais presentes dans tous les échelons de nos vies presentes et futures, oui je parle au nom de ces mères de nos pays desunies et qui voient tous les jours mourir leurs enfants à cause des guerres sans raison et qui ne sont que le fruit de ces certaines grandes puissances de ce monde qui cherchent à s'imposer et à dominer avec des raisons d'interets, de profits en soulevant et en mettant en conflit des frères d'un meme pays ou voisin et ajouter à cela des maladies connues et inconnues fabriquées souvent dans des laboratoires et des épidemies ignorant qu'il existe des moyens simples que la science leur offre pour sauver ces vies si ce n'est d'investir dans des usines d'armes , des choses inutiles et cosmetique pour les caprices de quelques femmes et hommes dont la coquetterie est menacée par les excès de calories de leur repas trop riche et d'une regularité à vous donner non à nous donner à nous autres saheliens des vertiges oui ces moyens simples recommandés par l'unicef, l'oms, et la fao oui je parle aussi au nom de l'enfant pauvre qui a faim et qui louche toujours furtivement vers l'abondance amonceler dans une boutique pour riche et que cette boutique est protegée par un vitre épais et que ce vitre est defendu par une grille infranchissable et que cette grille est gardée par un homme armé et qui cette personne est placée là par le père d'un autre enfant qui viendra se servir ou se faire servir parce qu'il represente toutes les garanties de la representativité et du norme capitalistique du système et je parle aussi au nom de tous ces artistes confondus oui ces gardiens de nos valeurs culturelles, de nos traditions et qui voient chaque jour leur art se prostituer pour l'alchimie des prestidigitateurs du show business, je parle aussi au nom de ces milliers de journalistes qui sont victimes de toutes sortes de maux enlevement, sequestration, viols, assasinant, tués sur les champ de bataille, de guerre , de reportage et partout par des groupe extremistes, des terroristes ou qui sont detruit par le silence ou soit par le mensonge pour ne pas subir les dures lois du chomage dont mon pays est un concentré de tous ces malheurs des peuples , une synthèse douloureuse de toutes les souffrances de l'humanité mais aussi et surtout des esperances de nos luttes c'est pourquoi je vibre naturellement au nom des malades qui scrutent avec anxièté les horizons d'une science accaparée par les marchands de canons et qui de ce constat mes pensées vont à tous ceux qui sont touchés par la destruction de la nature et à ces trente millions de personnes qui vont mourir comme chaque année abattues par la redoutable arme fatale de la faim, alors militaire je ne peux pas oublier ce soldat obeissant à des ordres avec le doigt sur la detente et qui sait bien que la balle qui va partir ne porte que le message de la mort et enfin je veux m'indigner en pensant aux palestiniens qu'une humanité inhumaine a choisi de substituer à un autre peuple et dont encore martyrisé oui vraiment mes pensées vont à ce vaillant peuple palestinien c'est-à-dire vers ces familles atomisées et errant de part et d'autre à travers le monde en quête d'asile courageux, determiné et infatigable car les palestiniens rappelent à chaque conscience humaine la necessité et l'obligation morale de respecter les droits d'un peuple avec leurs frères juifs et je n'oublie pas non plus mes frères irakiens et iraniens qui meurent tous les jours pour une guerre suicidaire et je veux egalement me sentir proche de mes camarades de nicaragua dont les ports sont minés, les villes bombadées et qui malgré cela ils affrontent avec courage et lucidité leur destin et je souffre au nom de tous ceux qui sont en amreique latine et qui souffrent de la main mise imperialiste et je veux etre aussi aux cotés des peuples de grenades et du timor oriental chacun à la recherche d'un bonheur dicté par la dignité et les lois de sa culture et je me lève ici au nom de tous ceux qui cherchent vraiment dans quel de ce monde dont ils pourront faire entendre leur voix et faire prendre en consideration, reellement mon pays et moi-même nous voulons etre les heritiers de toutes les revolutions du monde française, russe, cubaine, lybienne et de toutes les luttes de liberations des consciences et des peuples du monde entier dont nous sommes à l'écoute des grands bouleversements qui dominent le monde et dont nous tirons les leçons oui en partant de ces revolutions celle de l'amerique et sa victoire, de la France , de la russie du dix sept octobre dont nous faisons notre affirmation de la doctrine et sans oublier les ingerences americaines et europeennes dans leurs affaires respectives vis versa comme disait monroe en mille huit cent trois l'amerique aux americains et moi je vous reprend cette phrase pour dire que le burkina faso aux burkinabés et l'afrique aux africains et on s'en souvient et sait que la revolution française a bouleversée tous les fondements de l'absolutisme pour nous enseingner les droits de l'homme alliés aux droits des peuples et de la liberté et que la grande revolution d'octobre a transformée le monde et nous a permi la victoire du proletariat et ebranlé les assises du capitalisme et rendu possible les reves de justice et nous allons bientôt feter le cent cinquantieme anniversaire de l'émacipation des esclaves de l'empire britanique alors ma delegation et moi-même nous souscrivons ici une proposition des pays d'antigue et de barbade de commemorer avec eclat cet evenement qui revit pour les peuples africains et le monde noir une signification d'une très grande importance pour nous et pour ce qui sera fait, dit, organisé à travers le monde au cours de ces ceremonies commemoratives et qui devront mettre l'accent sur les terribles écots payés par l'afrique et le monde noir au developpement de la civilisation humaine oui des écots sans retour et qui expliquent sans aucun doute les raisons de la strategie d'aujourd'hui sur notre continent et nous proposons également que les structures des nations unies soient repensées et que soit mit fin à ce scandale que constitue le droit de veto c'est-à-dire les effets pervers de son usage abusif par ces detenteurs dont cependant rien ne justifie ce droit ni par la taille des pays qui le detiennent et ni la richesse de ces pays meme si nous tenons à reaffirmer notre remerciement à l'onu car nous lui sommes redevable du travail fourni par ces agents et agences au burkina faso et la presence de ces derniers à nos cotés meme dans les durs moments que nous traversons et comme dans le tier monde et si je parle ainsi c'est que tout homme sensible et conscient doit etre en mesure de sentir tout le mal qui touche ses prochains meme si cela ne le touchera pas mais dans ce monde d'aujourd'hui tout s'accentue d'avantage oui car tout coup donné à n'importe quel homme de ce monde nous devons le sentir sinon il ne pourra plus avoir de salut pour les peuples et pour nous et qu'on sera toujours habité par la peur, la crainte de cette esclavage maquillée au gout de notre temps et dont cette crainte se justifie autant plus que cette bourgeoisie a ces temps de tempete que nous avons laissés à nos ennemis du passé devenir nos ennemis d'aujourd'hui et qui ont le monopole de nos pensées mais que faire rien et cela ne m'empeche pas de remercier ces ennemis qui nous aident à pousser l'aide et qui n'ont contribué qu'à desorganiser nos systèmes, nos vies, à nous asservir, à nous depersonnaliser de tout notre espace économique, politique et culturelle et dont aujourd'hui encore nous cherchons en vain des voies et moyens nouvelles pour notre afrique et qui pourront s'adapter à nos civilisations en vue de pouvoir créer ainsi les conditions d'une dignité à la hauteur de nos ambitions qui est d'ouvrir les esprits des gens vers une responsabilité collective pour nos peuples et nos pays africains et de ce faite à travers le monde entier et il parlait comme un prophète seul pour un monde dejà desunie depuis des siècles et dont il n'était plus possible de faire quoi que soit pour arreter sa chute vers l'abime de son sort , de sa deroute occasionné par ces grandes puissances et qui allait finir par absorber ce pauvre prophète avec ces idées progressistes seul dans le desert et devant de murs qui se dressaient devant lui et qui vite le ciel avait sombrit, des tons ce sont montés , des divergences ce sont crées, des plans d'eleminations ce sont conçus comme il declarait un jour lors d'un meeting ouvertement et publiquement qu'il sent venir sa fin et que s'il devait tombé ça serait avec les armes à la main et que cela n'allait etre possible qu'avec la complicité d'un de ces proches et plus tard l'histoire s'est realisé comme prevu dont nous savons tous la fin de ce film realisé en plusieurs épisodes dont la dernière fut le depart de l'homme , la mort du brave deguisé en méchant par le méchant oui par cette fin tragique et triste survenue un jeudi soir sur le terrain du conseil à dix sept heure d'un dix sept octobre mille neuf cent quatre vingt sept avec beaucoup de sept avec ses frères d'armes et qui depuis la veille lors de leur conseil de ministre tout se sentait et était previsible et que l'homme ne fut rien pour empecher son depart un coup dont il avait dejà eu les echos depuis , un coup formaté par felix avec la complicité de blaise et de chantal lors d'une visite nocturne et en cachette à l'insu de thomas et qui le soir du jour j tout était fin prêt et qu'il ne restait qu'à passer à l'action et l'autre avait trouvé refuge dans un avion de la base aerienne à l'aéoroport prêt à decoller en cas d'echec pour fuir retrouver la base en cote d'ivoire d'où était venu ce coup en complicité de la France en la personne de miterand et brusquement voilà un cargo militaire vint percuter le grand portaille du conseil avec les rafales à l'arme lourde tuant tous les gardes à la porte et qui ne laissa pas du temps à thomas et ces hommes qui avaient deposés leurs armes à l'écart pour le sport pour pouvoir riposter car le temps de se rendre compte et aller chercher leurs armes ils furent massacrés comme des meme s'ils reussirent à descendre quelques uns avant de tomber arme à la main contraire à thomas dechiqueter par un tir de roquet et qui était leur plan diabolique ne pas faire de lui un prisonnier au moment où sa femme mariam et ces deux enfants étaient assis à l'autre coté dans la presidence joyeux et serins et ne sachant point que quelque chose de grave se passait derrière ces murs de la presidence à quelques metres de là dans la cours du conseil et qui allait bouleverser toute leur existance, devenir, et commanditaire informé de la reussite du coup et vite ces hommes avaient occupés tous les points strategiques de la ville de ouagadougou et d'autres villes du pays et vite la famille fut delogé et blaise qui avait regagné le bercail en quittant la base aerienne à l'aeoroport était passé à la television nationale pour tenir un discours de prise de force pour demontrer leur reussite et de changement de regime à l'intention de la nation toute entière de cette renversement de vapeur et dont ce ne sera thomas qui sera aux commandes du pays mais lui tout en faisant croire au peuple qu'il a été fait prisonnier avec ces hommes et qu'ils se trouvaient tous presentement dans un lieu tenu secret et qu'ils sont sains et saufs comme si ce peuple était de la dernière pluie et qui avait toujours en tete les dires de thomas concernant sa fin et qui dans leur precipitation ils furent enterrés dans des conditions immondes au cimetière de dagnai thomas et ces hommes sans honneur et comme ça mariam s'enfuit à l'exil avec ces enfants et c'était triste le depart de l'homme qui venait d'accomplir son destin comme il l'avait predit et fut du mythe sankara un mystère, lui qui était venu trop tot dans un pays prematuré d'esprit avec ces idées progressistes pour un boum de changement à tous les horizons et qui voulu d'un seul coup sur un chemin jalonné d'épine, d'obstacle et de mauvaise herbe qu'il n'a pas voulu debroussailler et qui du coup ces amis et frères d'armes d'hier étaient devenus ces ennemis du present et qui a engendré son depart brusque laissant derrière lui un tas de projets de developpement pour son pays tant aimé et à son peuple et dont jusqu'à l'heure que je vous écris ces lignes aucune justice n'a jamais été rendu puisque sa mort est resté sans suite meme si on connait les coupables qui courent toujours dans les rues du pays des hommes intègres et qui les gouvernes, et thomas était arrivé cinquante ans en avance sur son temps avec ces idées progressistes concernant la justice sociale, la santé, l'éducation, le logement, l'eau potable, la nourriture c'est-à-dire une vie meilleure et futuriste pour tous et qui était les bases de sa lutte et dont il voulait que tous bondissent d'un seul coup vers l'horizon car il pensait que tout ce qui sort de l'imagination de l'homme était réalisable par l'homme et sa mort ne changea rien à l'égard de son image que les gens avait de lui , heros mortel et legendaire car on peut tuer un homme mais pas ces idées comme ces grands visionnaires de leur temps kouamé n'krouma, sékou touré, gandy, lumunba et qui avaient des prevoyances futuristes pour leurs pays respectifs et pour le monde entier ; mais leurs espoirs furent d'un idéal irréalisable et sankara ces assasins en le tuant ont contribué à sauver son mythe d'héritier de la droiture, de la dignité, de la pureté, de la tolerance et de la patience en bon marxiste attentif aux leçons de la paix avec ces deboires et il est parti au moment où les masses desheritées et le monde entier commencaient à le comprendre pour ces idées et à l'aimer et qui depuis lors c'est-à-dire après ce fameux jeudi noir d'un quinze octobre dix neuf cent quatre vingt sept à dix sept heure avec ce coup reussit et traduit par la mort de son meilleur ami d'enfance et frère d'arme ce pays des hommes intègres est gouverné par cet homme et marqué par un parcours jalonné de crimes impudes et impunis de quelques personnalitées genantes comme henris zongo, lingani, clement ouedraogo, sans oublier mon confrère nobert zongo assassiné lachement et brulé dans sa voiture avec ces compagnons sur le chemin de son village saponé et bien d'autres pour ne citer que ceux-ci. Et la nuit passé sur le territoire malien et très tot le matin on avait reprit route et roulant maintenant vers la frontière separant le mali et le pays des hommes intègres et qui plus tard après quelques heures de routes on arrivait à cette fameuse frontière où se trouvait le premier village du territoire burkinabé du nom faramana ; savez vous quel risque vous prenez, ces gens là sont des brutes incultes nous disait au poste un agent malien indigné et qui c'était à contre cœur qu'il nous rendait nos papiers de laissez passer tamponnés car mon audace le surprenait et de l'autre coté c'était le burkina faso pays des hommes intègres , un pays très accueillant et d'où tout le monde était la bienvenue. Et depuis de deux jours de periple on était sur ces routes à avaler des centaines de kilomètres separant notre patrie et ce pays on était presque arrivé à destination car cette frontière depassée et qui était un genre de carrefour encombré où se croise des cortèges interminables on avançait dans un decor et la route était parée de tous les deux cotés des beautés de la nature et jusqu'à fô où il y avait le poste de douane et on était allé nous stationner à l'écarte pour un contrôle de routine et il y avait des jeunes coiffés de chapeau à melon, fusil d'assaut en bandouilière officiant des mines austères tout en scrutant chaque visage avec instance et examinant nos papiers d'un air soupçonneux et fouillaient sans menagement dans nos bagages et partout dans le vehicule, la boite à gant et sous la banquette avant et arrière avant de nous laisser continuer notre route ; ils cherchaient des trucs de fraude nous expliquait notre chauffeur et s'ils en trouvaient quelque chose là on était cuit et cet engouement était loin cependant de faire l'unanimité et qui faisait la grogne sur toutes les axes routiers de la sous région à cause de ces tractations de ces forces miltaire, douanier, gendarme, policier, eau et foret etc et à l'abri des regards inquisitoire des agents et leurs compatriotes étaient nombreux à se plaindre amèrement et d'autres avouent meme etre confronté tout le temps à cette misère et se sentir offensé et c'était un dédale ; et dans ces village traversés des marmailles en hailon venaient s'agglutiner autour de notre voiture et beaucoup étaient des mendiants et dans ces postes de santé primaire un simple agent officiait avec quelques outils rudimentaires pour quelques dizaines de personnes, ya le malaria et diverses maladies qui font rage et depuis fô c'était les memes scènes avec un nombre impressionnante de mendiants et dans ces villages règne un silence étrange et dont les seules animations était le cortège des ânes trainant des charettes lourdement chargées et dont une fois la nuit tombée tout le monde est confiné chez lui et leur prestation nous coutait de trop ce rampart contre notre curiosité et sur cette route et voilà qu'à l'entré d'une zone une sorte de fraicheur vient brisé cette monotonie comme un bienvenue et c'était de l'air pur autre que celui du mali un peu surchargé et ainsi on egrenait ces kilomètres en progressant vers la ville de sya , ville historique et coloniale et qui ainsi de suite après faramana , fô on arrivait à koundougou où nous fumes une brève incursion village antique et qui fut une satisfaction pour nous , non une grande stefaction de constater qu'à cette ère de voir des hommes vivre comme à l'ère prehistorique où l'homme primitif ne vivait que de pêche, cueillette et chasse et ne se couvrant qu'avec des peaux et dormant dans des grottes qui leurs servaient de refuge mais contraire à ceux là meme s'ils avaient construit des maisons avec des épaisses façades faite de baton, de roseau et d'autres materiaux recouverte d'un melange de boue et bouse de vache pour s'offrir une certaine protection contre les temperatures hivernale et la mousson parfois négatives et à l'interieur avec un foyer creusé dans le sol permettait de chauffer quelque peu les lieux dont le plafond, le mur et les parois laterales enduits de boue et bouse de vache et dont il faisait la refection chaque année et qui rendait chaque fois l'interieur coloré et les murs lisses ; de la poterie, peaux toutes servaient de decoration à l'interieur avec des lits en terres battues avec des peaux qui servait de matelas et à koundougou tout semblait etre demodé avec ces peuplades car ici on depaysait tout costumes rudiementaires , un chapeau vegetal conique, une culotte , une pagne, avec des seins en decouvert, pas de sandale, les cous, tetes, pieds chargées de parrures et qui mettait en exgerbe toute leur beauté et la beauté de leur culture et tradition ; et travers ruelles, bois , terrain plat ou accidenté, champs, herbes des marmailles nus se promenaient de part et d'autres et occuper à jouer , à fabriquer des jouets, à s'entrainer à la poterie, cordonnerie, sculpture, à manufacturer le beurre de karité , à faire la cuisine, à l'entretien des locales, et autres travaux , de jeunes bergers vaquaient derrière leur troupeau pieds nus et les vieux sous l'arbre à palabre ignorant tout de la modernité et ce jour là par hasard un petit avion survolait la zone et cela avait retenue toute leur attention attrouper par groupe pour contempler ce petit oiseau qui vronvronnait là haut dans le ciel et qu'ils cherchaient à connaitre et à comprendre mais qui pouvait ou allait les apprendre,les expliquer ce que c'est si ce n'est de les laisser à leur intition, instinct , impulsion de leur monde dont les frontières s'étaient refermées sur eux et qui fussent les limites de leur connaissance et notre vehicule les amusait trop meme s'il avait une retenue de le toucher avec peur et du coup on était pris par une foule en liesse curieuse, etonnée, ébahie et qui voulait savoir tout en meme temps et avec nos appreils on s'était fais quelques clichés et cela ne les empechait pas de temps en pemps de remplir leur curiosité par des touchements et hospitaliers ils étaient meme si on les faisait un peu peur et amusé en meme temps alors jeunes et vieux etaient tous absorbés dans leur pensée et vite on fut conduit chez le chef où nous fumes accueillis en hôtes avec tous les honneurs et après les salutations terminées ils nous baptisèrent en nous demontrant leur sociabilité avec des cadeaux et la nuit tombé on s'était retrouvé en comité autour d'un feu pour échanger , ils posaient des questions qu'on essayait de repondre à notre manière et vaguement avec des gestes discontinue et confus et avec des signes commodes et qui en faisait de meme avec nous en retour à chacune de nos questions posées pour essayer de dechiffrer leur vie, culture, tradition etc c'était dommage pour nous qu'il n'y avait personne parmi eux qui comprenait notre langue maniga ou la langue du colonisateur pour pouvoir nous faire la traduction qui nous aurait porté non remporté un grand fruit, ici on n'enterre pas les morts mais on les place dans des creux contraire chez les mossi, les zoulou ou ashanti qui creusent une sorte de caveau dans la terre pour abriter le tombeau d'un chef dont à l'entré deux hommes sont tués et placées là pour servir de gardes et une jeune fille au coté du chef comme serveuse à l'interieur de la tombe et très different chez les indiens, hindous qui brulent le corps de leur mort ; et ici les canari servent de marmite dans les cuisines et que pour moudre les cereales on les ecrasse sur des bloc de granites confectionnées et n'utilisent que des louches et plats sculptées dans du bois et dont le tout presente un aspect multiforme, et l'arrière des murs ornés par des spectres decrivant toute sorte d'activité et dans la cours du chef il nous avait permi de contempler les masques sacrées et vite un soucis c'était saisi de moi et je me suis dis que dans quelques années avec l'avancé de la modernité ces vestiges ne seront plus que des souvenir car il se veront prostituer et qui était presqu'en voie de degradation due aux intemperies de la nature et du climat et cela avait produit un effet postif sur nous temoins physiques de ces vestiges zélé dans ce village et ce fut avec un cœur serré et triste et rempli de larmes qu'on quittait ce peuple merveilleux tot le matin pour reprendre notre route vers sya et ainsi on était allé depassant kouka, dandé, et jusqu'à bama zone rizicole et très oppulente avec de grand caicedras qui ornaient les abords de la route de droite comme de gauche de la rentré jusqu'à la sortie dont nous la traversames en toute vitesse sans nous arreter pour aller franchir un pont qui servait de frontière entre bama et un petit village du nom de baoulé et sous lequel coulait une eau limpide et impure à la fois et qui venait de traverser toute cette nature propre et malpropre dont quelques reptiles jonchaient le fond et qui s'écoulant en toute periode de l'année vue l'abondance de la zone en eau et qui était utilisée par ce peuple pour les cultures de riz , mais et maraichères ; le village était un peu antique par ces constructions et peuplé de bobo, mossi, peulh et autres minorité et très admirable par ces collines qui semblaient entourer le village de la rentrée jusqu'à la sortie composé de rocher et au pied de laquelle on avait une modeste école à notre gauche et une mosquée contemporaine à notre droite tout près d'un petit marché composé de quelques hangard et qui ne s'anime que les jours de marché établie ici comme un peu partout dans toutes les zones du pays des hommes intègres et à la sortie de ce village de baoulé on avait les ruines de l'ancien emplacement de ce village et très centenaire abandonné aux méfaits de la nature dont les maison sont à ras de terre et qui se rongeaient, se degradaient de jour en jour avec le temps et tout en continuant notre route et voilà qu'à quelques kilometres de baoulé nous fumes notre entré à banahorodougou un village peu aspetique qu'on trversa en toute allure dans notre lancé dans cette savane en roulant vers sya et à cinq kilomètres de banahorodougou on entrait à banakeledaga par son marché de fruit et legumes un charme au multiple don de la nature composé de pasthèque, melon, mangue, orange, tomate, aubergine, chou etc avant de nous retrouver au cœur meme du village sur cette route qui la divisait en deux corps concentriques avec à la sortie une églige contemporaine aux enseignes d'une école primaire à architecture prehistoriques et qui me rappelait ces anciennes battisses léguées un peu partout en afrique par le colonisateur comme un heritage et à chaque coté on avait des plantations de manguiers et ici comme un partout dans nos villages africains le français est le moins comprit et parlé par nos peuples et banakeledaga était à majorité bobo avec quelques minorités peulh, mossi et autres qui vivaient dans des constructions traditionnelles et modernes composées de case rondes, carrées ou rectangulaire construites en banco et qui sont souvent centralisées avec des portes branlantes taillées dans du bois sauvage suspendu plus ou moins d'un rideau en coton et qui laisse filtrer une lueur épaisse dans ces chambres sombres et mal aérées et devant chaque cours on avait un pied d'arbre fruitier sous lequel est forgé des places de repos et de causerie avec des troncs d'arbre et au centre du village on avait un petit marché composé de quelques hangars et qui servait de lieu de rencontre et d'échange et où tout se vend et s'achète presque avec à ses devant une modeste boutique devant laquelle quelques acheteurs se bousculaient pour s'approvisionner comme dans ces supermarchés des grandes villes à l'heure d'ouverture dont on se bouscule d'étalage en étalage pour se remplir les paniers avant de passer au comptoir et deboucher la bourse pleine et qui à quelques mètres de cette boutique on avait une petite station d'essence où se faisait servir quelques engins de passage dans un village où le vélo bat son record, engin à deux roues et très facile à manipuler et qui represente le rolls de ces peuplades et dans le marché on avait quelques grilleuses de galette, baignée et tartines dont la fumée qui montait des foyers calcinait et rechauffait la petite place avec un odeur ôcre de bois frais brulé et qui sous ces hangars étaient jonchés des gens à meme le sol avec des habits en haillon et qui semblaient revenir des champs et degustaient avidement et tendrement ces baignée, galettes et tartines accompagné de ce jus de sorgho rouge fermenté appelé dolo et derriere ce petit marché on avait un moulin à moudre les cereales implanté là avec la modernité et banakeledaga était le dernier village avant la ville de sya ou ville des bobo et dioula qui ne se trouvait plus qu'à quelques kilomètres de là cette ville historique dont on doit la fondation à un bobo mandarè au onzieme siècle venu des hautes terres de la guinée dans le fouta djalon comme mes ancestres à moi pour s'établir ici dans le pays des hommes intègres après la mise en place du canton de sya en transitant par kong en cote d'ivoire avant de se retrouver ici et plus precisement à darsalamy situé à quelques kilomètres de sya sur l'axe bobo-banfora où ils furent leur base. Et selon mes investigations cette fondation est un peu contreversé par ces deux ethnies bobo et dioula meme s'ils sont issu de la meme patrie la guinée ils reclament chacun de leur coté le droit de proprieté sur la ville car selon les dioulas ils racontent que leur ancestre étant un chasseur errant de zone en zone à la recherche de gibier et campait là où il y avait trop de gibiers à quitter le mandé et s'est installé à timina localité situé à vingt un kilomètres de sya sur l'axe ouaga-bobo là où il eut une revelation et apprit dans un reve que le lieu d'avenir pour sa descendance et où il devrait s'établir se trouvait un peu à l'ouest entre les rivières houet et sandjo à kibidoué alors il s'y rendu et s'installa et c'est là dans une de ces parties de chasse dans la foret qu'il rencontra un bobo fing ou bobo mandarè qui residait lui aussi entre les deux rivières et qui à cause de la densité de la forêt ils ne s'étaient jamais vu et ni se rencontrer et ce jour là ce fut un grand dispute sur les lieux entre eux et qui par la suite ils deciderent de determiner celui qui a été le premier entre les deux rivières en comparant l'ancienneté des poutres, des terasses de leurs habitats et c'est là quand ils furent chez le dioula qui sechait ses peaux , fumait ces gibiers et faisait la cuisine dehors tout était propre chez lui mais arrivé chez le bobo qui faisait la cuisine et tout dans son habitat alors toutes les poutres étaient noires de fumées et ainsi il fut consideré comme le premier sur les lieux et qui après cela ils decidèrent de vivre ensemble et cote à cote chacun dans sa zone car le bobo mandarè est animiste et le dioula musulman et qui après l'arrivé de quelques vagues le dioula se mariait plus tard et eut trois fils zara, bala, mollo et qui en allant à la mecque un voyage qui durant dans les temps des années confia ces enfants au bobo mandarè qui les convertit à l'animisme et qui furent les fondateurs des trois tributs de bobo-dioulasso de sya auxquels s'ajoutait plus tard celui de l'imam sadiki édificateur de la grande mosquée de dioulassoba construite en mille huit cent quatre vingt et dont son corps y repose toujours dedans descendant d'un peulh forgeron. Et mollo qui était souvent envoyé à kong pour remettre les instruments de sorcellerie aux ouattara roi de kong en cote d'ivoire se lançait plus tard après la mort de son père dans une guerre sans merci et acheta au representant du roi famagan tous les villages autour de ces conquetes et jusqu'à sofara près de mopti au mali et dont les ouattara qui se disaient souverains repliquent mais en vain et qui finisaient par s'entendre avec les koulango de bouna en cote d'ivoire pour assièger ensemble sya et qui se solda par un échec à l'entré de baré dont leurs clochettes de guerre y sont toujours conservées à kibidoué localité residentiel bobo et plus tard d'autres vagues d'arrivants en groupe de plusieurs tetes avec leurs traditionnels tropeaux, marmailles et autres comme mes ancestres venus de la guinée, cote d'ivoire, mali etc pour créer leur quartier comme koko qui veut derriere l'eau, kongbougou qui veut dire quartier des resortisants de kong loin de kibidoué vers le dix septieme siècle et qui étaient des ouattara, traoré, touré, sanogo, fofana, diané, bamba, etc tous musulmans avec leur tradition, culture, organisation, lois differentes de celles des bobos et avec des constructions en première position en paille et qui plus tard avec la repetition des incendies ils finirent par adopter les constructions bobo en terre battue en brique et toit fermé en dalle d'un melange d'argille, gravier et banco avec des terrasses tout en restant une communauté fermée et attachéé à leur terre comme à kibidoué qui était devenu densement peuplé parce que ces habitants refusent de quitter leur quartier croyant à une tactique de l'administration pour s'emparer de leur zone. Chez les bobo la terre appartient à la communauté et est inacessible et aujourd'hui kibidoué est la quartier le plus populeux de sya car chacun garde et conserve sa construction qui n'est detruit , ni vendue, ni loué mais qui sert de lieu de rencontre familiale lors des cérémonies funéraires, baptêmes etc. et la spéculation foncière n'est pas inconnue dans la zone mais les bobo gardent vivement leur tradition dont les enterrements relèvent de la compétence des forgerons et qui sont les premiers à entrer dans les caveaux et qui avant d'entrer se lavent avec une décoction de plante, s'enduisent le corps d'une matière huileuse et se mettent des onguents dans les oreilles et les narines et ainsi parés ils descendent le mort habillé de ses plus beaux atouts et le faire s'asseoir sur un escabeau sculpté et adossé à la paroi du caveau avec une pipe dans sa main droite, son coude appuyé sur son genou et à sa main gauche une chasse mouche en queue de bœuf et à côté de lui on dépose de l'eau, mil cauris, vêtements, bijoux pour les patriarches dont souvent ces caveaux sont creusés même dans la chambre du patriarche ou du chef et même cas pour les caveaux familiales qu'ils referment avec du bois et recouvert de terre dont à chaque fois qu'il a un décès on ouvre le caveau et place le nouveau à côté de l'autre et referme et qui à chaque fois au sortir de ces caveaux les forgerons se baignent dans une autre décoction très chaude et se gardent de raconter ce qu'ils ont vu ou entendu car dans la tradition animiste les morts parlent et à kibidoué il ya des passages souterains et secrets avec des coins occultes. Chez les bobo le chef possede des attributions politiques et religieuse étroitement liées à kibidoué et comporte deux chefs qui sont le chef de canton qui supervise l'ensemble de la ville et le chef de terre qui selon les coutumes est le proprietaire de la terre et ainsi la cheferie de canton revient aux bobo-dioula et la cheferie de terre aux bobo mandarè et qui se consertent à chaque fois qu'il ya un evenement touchant la ville dont l'honneur sera au chef de terre de presider les ceremonies de sacrifice et le chef est remplacé à sa mort par son frère cadet, son cousin ou son neveu un ordre succesoral connu d'avance donc pas de discution possible à ce sujet et les familles qui n'acceptent pas le nouveau doivent quitter le quartier pour s'établir ailleurs car là on ne parle pas d'élection et il est à remarquer que cette prise de fonction est precedé d'une consecration avec l'ecartement des femmes à la cheferie et le village de sya est definit en general en trois quartiers encadrant la grande place du village où les differentes familles ce sont installées , il ya celui du chef du village kiri-vo , du chef de terre laja-vo et des cantons ruruwékma et qui à ces quartiers s'ajoutent celui des forgerons, griots, cordonniers et étrangers un peu à l'écart du village traditionnel dont cette grande place est materialisé par un espace vide avec un arbre planté à son centre et un chemin qui traverse le village de part et d'autre et qui conduit au marigot avec des petites places où les familles se regroupent lors des grandes manifestations et les caracteristiques des villages bobo se decrit en trois caractères les maisons, la grande place et la porte du village et le marché n'est jamais dans l'enceinte du village comme le bois sacré, le cimetière des non initiés, le sanctuaire des masques plus ou moins proche du village et qui est une constante du village bobo et une aire definie comme centre de comminucation avec le sacré et se choisie selon une technique d'orientation propre à kibidoué et comme à plusieurs villages bobo qui repondent à cette description meme si aujourd'hui à sya cette organisation spatiale n'existe plus et qu'on n'aperçoit que les traces car vite ils ce sont adaptés à la nouvelle organisation imposée par les forces des choses et du temps et le colonisateurs et qui malgré tout ça l'influence des chefs demeure toujour car il faut passe obligatoirement par eux pour toucher la population qui est resté attacher à ses valeurs culturelles et chez les bobo la construction ne se fait meme pas le sol comme chez les mossi sans fondation car ici ils font une fondation de vingt centimetres dans laquelle la base sera elevée à trente centimetres en trois couche de brique avant de commencer à monter avec des brique de trente sur quinze centimetres d'epaisseur et largeur avec des bois à chaque angle et intervalle qui servent de poteaux pour pouvoir soutenir le toit qui sera en dalle banco fourchues et soutenant les poutres d'où entre les poutres on placera de petits morceaux de bois qu'on recouvrera d'argile et de terre et dont au milieu de la dalle en banco on pratiquera une ouverture ronde qu'on retiendra les abords avec la couronne d'un canari servant d'orifice fermée avec une planchette lorsqu'il et un tronc de ronier evidé est placé à la partie basse de la dalle en pente et qui servira de goutière avec la surface de la dalle humectée , parsemée de petits cailloux ferrugineux et battue au moyen des dames à main , oui un travail reservé uniquement qu'aux femmes ainsi que l'interieur de la maison dont les materiaux communement utilisés sont l'argile, la terre glaise souvent rougeatre à certain endroit dont on y ajoutera du sable et du petit gravier afin d'accroitre la resistance aux pluies qu'ils melangeront avec de l'eau que les femmes sont chargés d'amener et qui se realise avec une chaine de taches pour faire les briques, des petrisseurs aux porteurs de glaise et aux perfectionnaires des briques et qui seront laissés pour etre secher par le soleil et les bois utilisés pour le toit et les poteaux et les poutres sont choisi parmi ceux que les termites et les vers ne peuvent attaquer le noumouyiri, le ouelenou, le houmou, le kono qu'ils couperont pendant l'hivernage et à la lune obscure et qu'on fumera avec de la paille et les portes font un mètre cinquante sur soixante centimètres et taillées dans des planches qu'on enduira de bouse de vache afin d'amortir les effets de l'harmattan sur le bois encore vert et qui sera renforcé par la fumée des foyers amenagés à l'interieur des maison pour la cuisine et autre besoin au rez-chaussée non loin des greniers en terre comme des cases à la grandeur de chaque famille car l'enduit des fumées protège efficacement l'interieur des construction contre les insectes et les rongeurs et la ville a été marqué par quelques faits historiques que vous avez comme moi appris dans les manuels d'histoire avec l'arrivé de Beringer en mille huit cent quatre vingt huit suivit de Monteil en mille huit cent quatre vingt onze et le passage de Samory touré qui établissait sa base à darsalamy village de mes ancestres village dioula et musulman venu de la guinée et qui pour éviter une confrontation les bobo envoyaient une princesse ouattara du nom de guimbi ouattara et l'imam sakidi persuader Samory et sa troupe de ne pas attaquer sya et dont cette appelation vient d'une deformation du nom d'une fille d'un des patriarches de timini qui preparait et vendait du jus de sorgho rouge fermenté appelé dolo ou bière à kibidoué une fille très gentille, genereuse et qui rendait beaucoup services à ces prochains à chaque besoin qu'on lui faisait part et que ça soit des mariages, baptemes , funerailles et autres ceremonies donc de ce faite tous ceux qui partaient chez elle disaient je vais chez sya que certains transformèrent je vais à sya et c'est ainsi que le village a prit le nom de sya et qui fut conquise par l'armée française en mille huit cent quatre vingt dix sept pour confier le commandement aux ouattara et qui suite à des abus de ces derniers le commandement fut remit aux bobo avec un certain souro kognagamou sanou à leur tete et fut érigé en poste administratif et en mille neuf cent quatre quand le commandant Candrillier voulut donner un nom à la ville et que chaque chef traditionnels desiraient que le nom de son quartier soit donné à la ville éponyme et qui pour les departager candrillier demanda à savoir quelle était les ethnies de la ville et on lui repondit bobo, bobo-dioula et dioula de kong alors il decida de baptiser la ville bobo-dioulasso qui veut dire la maison des bobo et dioula et la ville devienne commune en mille neuf cent vingt sept et devienne par la meme ocassion la première capitale de la haute volta et cela meme apres son independance proclamé un cinq aout et acquit un onze decembre mille neuf cent soixante avec ouezzin coulibaly comme president avec residence à bobo aux cotés de ces frères pays africains la guinée en mille neuf cent cinquante huit avec sekou touré, houphouet boigny pour la cote d'ivoire, kouamé n'kruma pour le ghana, modibo keita pour le mali etc avant qu'on ne transfert la capitale à ouagadougou en phonetique wagadougou qui veut dire village des wahaga et qui habités des samos venus eux aussi de guinée passant par le mali et qui furent conquis et chassés par les mossi venus des hautes terres du tchad en transitant par le niger ainsi que les gourmantché pour se retouvés au gold cost où ils formaient le royaume de gambada très puissant et d'où le roi qui n'avait eu qu'une seule fille du nom de yennega et qui était une guerriere redoutable et qui était à la tete de l'armée de son père et qui dans le royaume ainsi que dans tous les contrés du royaume tous les pretendant avaient peur d'oser l'approcher meme pour la faire leur avance une chose qu'elle attendait d'eux et desirait tant pour pouvoir se fonder une famille et qui ne venait toujours pas et qui ainsi prit d'un jour de follie elle prit son cheval et galopa aussi loin du royaume de son père jusqu'à venir se retouver perdu sur la terre des hommes intègres toute fatiguée, epuisée et affamée et tomba au pieds d'un arbre evanouie et où un chasseur mandé du nom riyalé qui se deplacait à la poursuite des gibiers de territoire en territoire tombait sur elle dans la brousse et l'emporta dans sa case et prit soin d'elle et elle resta dans son etat d'evanoui pendant deux jour avant de revenir à elle et riyalé l'alimenta jusqu'à ce qu'elle retrouve ces esprits et force et qui de l'autre coté son père avait tous les moyens pour retrouvé sa fille avant de perdre espoir pensant qu'elle a été peut etre victime d'un fauve et plus tard elle se mariait à riyalé et ne retourna plus elle et qui sa première grossesse fut un garçon qu'ils decidèrent d'appeler wérédaogo qui vient weremoaga qui veut dire cheval male qui devenait plus tard ouedraogo et qui fut depart de la fondation du royaume avec l'arrivé d'autres vagues de gens qui était venu s'ajouté à riyalé et sa famille avec d'autres organisation, lois , formation et conquetes. Sya était resté telle et s'est developpé en toute circonstance et sur tous les plans cette ville culturelle et notre arrivé à sya était comme calculé car c'était la biennale de la semaine de la culture qui s'instalait dans la mémoire de tout le monde cette manifestattion née en mille neuf cent quatre vingt quatre dans la province du poni à gaoua par ce cher thomas sankara et qui s'est vu centralisé non localisé une fois pour toujours dans la ville de sya en mille neuf cent quatre vingt six et qui cette dixieme édition s'ouvrait sur le thème « investir dans la culture pour l'avenir » dans un contexte de globalisation économique et il avait été question au cours de ce biennale de fêter l'évènement culturel du pays des hommes intègres avec les créations artistiques, des musiciens, des plasticiens, peintres et littéraire pendant une semaine durant dans l'objectif de valoriser à l'intérieur du pays et hors des frontières en tant que ressources pourvoyeur de richesse et d'aisance sociale et c'était en cela que cette édition qui inaugurait l'ambition culturelle es responsables des arts et de la culture pour le nouveau millénaire avait retenu l'attention de tous ceux qui œuvrent pour promouvoir ce domaine en retrait depuis longtemps sans doute que ce thème a été épilogué en consequence de la culture du pays des hommes intègres riche et varié et qui reste encore peu connu à l'étranger car in n'est évident qu'au pays des hommes intègres où on denombre plus de soixante groupe d'ethnies avec autant de coutumes, de ptentielles culturelles pour qu'on ne sache quelles sont les specificitées, les ressemblances et dissemblances de chaque groupe et le travail fait jusque là dans la promotion de la culture a été immense et dix éditions après la semaine n'était plus à des rencontres folkloriques jalonnées car au fil des temps la semaine a fait l'objet de reflexion et de recentrage dans sa forme et dans son font contraire à des debats dont il était reproché certaines defaillances d'autant plus qu'elle reunissait des gens d'horizon culturel divers et qui n'ont aucune communicabilité culturelle entre eux et dont on ne sait comment faire pour exprimer chaque realité culturelle dans sa specificité dont tout se diffferencie des autres modes de vehiculer un message profond et aussi l'unicité dans la difference pour amener la cohabitation des cultures qui a la meme dessemblance pour que le progres ait lieu et dite philosophe car nous sommes certainement à une époque dont les données culturelles ne doivent plus appartenir au moyen âge et qui ne doivent plus signifier que du traditionnel et de l'immuable qui sied dans le contexte où chaque pas , chaque nation n'aura droit d'etre citer que par rapport à ce qu'il vend ou achète et ici au pays des hommes intègres la culture est riche et variée et donc vendable mais elle ne sera pas acheté cependant qu'en y mettant les moyens pour le developper et la rendre plus attrayante et attirante car elle doit sortir de sa léthargie dont elle est victime et qui jusque là se caracterise à cause de l'absence d'un cadre permanent d'expression et de concertation des artistes et dont elle ne sera pas developpé si ce n'est qu'en donnant plus de moyens d'encadrement technique aux artiste car au-delà de son aspect festif la semaine nationale de la culture du pays des hommes intègres accorde une large place au debat idée pour definir les voies et moyens de faire de la culture une reference dans une reference pour le monde entier dont les domaines de cooperations s'élargisseront chaque jour sur la base de reflexion des professionnels et des hommes de la culture sur la façon d'investir dans la culture et qui doit etre investi avec un objectif qui permettra de jeter les bases d'une culture fortifiée qui est un secteur longtemps berné dont nous sommes à une ère ou c'est l'habit qui fait le moine car on vous traitera tel qu'on vous voit selon karl marx de la theorie marxiste-leniste alors etre ou ne pas etre dans la mondialisation nous devons choisir sans ignorance aucune de ce que nous sommes, et que faut-il entendre par production culturelle sachiez que ça constitue un ensemble de faits, d'actes, de creations, de manières de penser, d'imaginer et se representer avec autant d'environnement quotidien que l'environnement qui se construit au fil des generations et des exemples historiques et qui sont nombreuses et qu'il se suffit de se rappeler que les peuples du sahel n'étaient pas ce qu'ils sont devenus aujourd'hui du fait des changements climatiques mais aussi du fait des actions authropiques des groupes sociaux comme reponse multiformes à ce changement alors partant de cette idée fondamentale j'imagine évidemment le lien qui existe entre le passé et le present et il n'est exageré de tirer ce lien entre le passé et l'avenir et voilà resumé l'histoire des peuples qui ont produit des choses et des objets pour gerer leur survie et organiser leur quotidien multiforme et c'était cela le role des differentes formes de productions et de creations , mais là où ya un probleme c'est que la continuité directe entre le passé et le present et entre le passé et l'avenir n'est pas surtout visible au sens d'une production de type pour coller à la realité du vobaculaire de ces jours ; mais la question est bien plus grave encore et comment pourrait-on imaginer un lien entre les productions culturelles du passé et la construction de l'avenir ; un avenir qui s'annonce brutalement globalisant avec sa dimension economique rigide de cette mondialisation étouffante et c'est là qu'intervient mon interrogation en tant que un écrivain et personne ressource qui doit expliquer et expliciter et pourquoi ne pas accompagner ces liens temporels entre les productions culturelles des differentes époques pour repondre à cet ensemble de questions que posent les productions culturelles dont il m'a paru interessant d'interroger d'abord les sociétés du passé avec leurs differentes formes de productions culturelles et de comprendre les reponses qu'elles repondaient aux questions de survie materielle du problème identitaire et d'interrogation existantielle multiforme et éternelle des hommes que faire ? Comment faire ? qui sommes nous ? Où sommes-nous ? Et où allons-nous ? mais que se passe-t-il lorsqu'un evenement historique brutal et violent comme la colonisation vient créer une nouvelle situation dans nos civilisation, culture , coutume et tradition d'un changement social qui s'impose avec une reorientation des productions culturelles alors dans quel sens aller et comment y aller et quelle est la validité des nouvelles entitées et des nouveaux contextes imposés aux peuples aujourd'hui et ces nations des etats democratiques marqués par la decentralisation avec tous ces espoirs qu'ils suscitent également toutes les derivées, perturbations et difficultés inévitables qu'ils entrainent en guise de conclusion dont je dirai qu'il ya une necessité , voir meme une exigence de reconstruction identitaire d'adaptation des productions culturelles aux contextes nouveaux dont il ya lieu entre les formes de productions culturelles et la construction de l'identité individuelle et sociale et c'est là precisement tout le sens ultime d'une production culturelle qui doit exprimer la vie au moment où il le faut dans les formes qu'il faut ; la production culturelle dite la vie c'est le cas aujourd'hui de l'émergence d'une identité citoyenne par rapport aux communautés locales d'autre fois avec toutes leurs specificités et dont c'est là où apparait notre role primordial pour examiner le degre des changements socio-culturels en cours et les productions culturelles qui les accompagnent les expriment pour pouvoir donner notre opinion comme le cas des mutillations génitales chez les femmes et jeunes filles en un mot l'excision qui est totalement anachronique aujourd'hui du point de vue de sa fonstion sociale qu'elle est supposée jouer et ne pas se donner l'illusion de pouvoir l'orienter pour rester toujours ouvert à ces changements sociaux qui seront toujours l'expression d'une recomposition identitaire à prendre en compte car l'art est l'une des expressions les plus anciennes de la culture humaine et qui sont les témoignages les plus accessibles de l'unité profonde de toutes les civilisations à travers leur beauté et leur diversité dont tout homme qui naisse, nait libre et egal en dignité et de droit et doué de raison et de conscience et par gré agit envers les autres dans un esprit de fraternité et la fin de notre sejour à sya allait nous transporté dans la province du mouhoun à dedougou après deux semaine pour les festima ou festival international des masques de dedougou avec beaucoup d'invités à l'affiche venant de toutes les regions du pays des hommes intègres et de la sous region comme les masques du bénin, togo, du pays dogon au mali, du senegal, cote d'ivoire, etc car toue œuvre humaine est incontestablement fructueuse et immortelle et à dedougou ce festima faisait naitre en nous une sorte de curiosité dans cette ville cité du bankuy et qui se parcours en une poignée de minutes et comme nous enseigne la sagesse ce n'est guere la hauteur de l'arbre qui fait l'ombre ; dedougou est une ville semi urbaine où vivent bwaba, bobo, nounis, samos, peulhs ,mossi et autres avec une hospitalité très étonnante et legendaire exerçant des metiers d'agriculture, d'elevage, de maraiche-culture, la peche,et autres activités secondaires commerce, transport etc et l'occasion était belle et grandiose avec toutes ces identités culturelles melangées et qui allaient s'affronter dans des demonstrations de talent, de connaissance, de dance et autres prestation pendant trois nuits et trois jours , oui et la ville va vibrer au rythme des masques venues de toutes les regions et des pays voisins invités pour la circonstance à mettre en exgerbe cette culture inexploitée à travers le festima ainsi que les differentes de masques car il y avaient des masques en feuilles venues entre autre de dedougou, les masques en tissus que portent generalement castes forgerons et qui ne dansent que la nuit et enfin les masques en fibres beaucoup plus prisées par les samos comme nous disait notre interlocuteur dans un français escamoté avait-il raison je ne le sais pas ce vieux sage mais ce qui est sûr j'avais beaucoup apprecié sa compagnie car c'était l'occasion pour moi d'en savoir plus sur ces masques leur force et les mystères qu'elles renferment et c'était vrai car les masques degagent une philosophie qui vaille bien la peine de lui restituer sa place de merite dans nos cultures africaines et traditions pour le valoriser davantage comme avait dit le premier jour à l'ouverture de la ceremonie cet interlocuteur à la personne de Toé fidèle que le masque accomplit une pluralité de fonction sociale, economique, culturelle et éducationnelle car le jeune homme qui porte un masque se voit maintenant mûr et surtout il en est fier de s'exprimer culturellement et les appreciations qui se degageaient restaient unanimes et le festival imprimait ainsi une avancé significative de la culture d'une lettre de noblesse et on quitta dedougou tous émus de ce qu'on a vécu au cours de ces trois jours sans relache et sans se jurer de revenir la prochaine fois ,un festival qui restait le seul moyen indiqué dans cette zone de se frotter à d'autres zones et voir meme d'autres pays pour un brassage de culture , d'hommes , de decouverte, d'enseignement, d'apprentissage et pouvoir vendre , valoriser les cultures des peuples et des continents par l'exportation, la decentralisation culturelle mondiale à l'instar de tous et favoriser l'integration sous regionale et internationale ; alors en quittant dedougou on avait mit le cap sur la region des cascades par l'axe bobo-banfora-frontière de la cote d'ivoire où se localisent les cites comme les cascades de banfore, les fallaises de sindou, le lac de tinguerla abritant des hipoptames et par la zone industrielle de cette capitale de sya on fut notre piqué sur cet axe par le premier village du nom kouhodeni au bord de vehicule à toute vitesse et alla en avalant ses quatre vingt kilomètres qui separaient la ville de sya dans la province du houet et celle de banfora dans la province de la comoé où moi-même j'ai vu le jour à travers les neuf mois de soufrance de ma mère à laquelle je ne pourrai jamais finir de remercier jusqu'à la fin de mes jours alors sachiez qu'une mère est la chose la plus sacrée pour tout etre vivant sur terre car elle est la seule sur terre qui t'aimera sans attendre quelque chose en retour et toute sa vie contraire à nos copines, maitresses et épouses dont leur amour pour nous est souvent éphemère, materiels et d'interets et pour terminer ce paragraphe je vais vous developper tout ça dans un autre recit intitulé mille et une citation et on était allé depassant ces villages de village à village car après kouhodeni on arrivait à farakoba par matroukou où se trouve ce centre de recherche en agriculture et elevage et très renommé avant de faire notre entré à lièsso après avoir un pont qui servait de frontière entre les deux localités et foncer vers darsalamy village de mes aieux et qui joua un role important dans l'histoire de sya et qui avait servi de base arrière au grand conquerant et opposant à la penetration colonile Samory touré et ces sofas, de darsalamy on fut notre entré à noumoudara après une montée sur près de quatre kilomètres de cote plate qui separait darsalamy de noumoudara fiefe d'un autre grand conquerant Tièfo Amoro qui s'opposa lui aussi à la penetration coloniale et d'où se trouve sa tombe et après c'etaient les village de peni qui à sa sortie on avait un piqué de chemin de fer en provenance de la cote d'ivoire et qui continuait jusqu'à kaya dans la province du sanmatenga en traversant les localités comme banfora, sya où la gare porte le nom de ce vaillant conquerant tièfo amoro est construite en mille neuf cent cinquante huit, koudougou, ouagadougou et avec une volonté des deux pays l'utilisant c'est-à-dire la cote d'ivoire et le pays des hommes intègres de le prolonger jusqu'à tambao où il compte mettre sur place la plus grande mine d'exploitation de phosphate avec leurs partenaires financiers et de peni qui marquait la frontière entre la province du houet et cette de la comoé on entrait à taga puis à toussiana village reconnu grace à son école catholique qui dispense des enseignements de qualité et qui a formé beaucoup cadres de ce pays, ensuite à tagaldougou , à niahan et qui nous plongeait dans une sorte étonnante de fraicheur et qui à l'ecart des abords de la voie la taillée dans les rochers était impressionnante dans une sculpture parfaite et dans le sol des sillons creusés par le ruisellement des eaux et jusqu'à l'entré de beregadougou où on apercevait depuis là haut de cette cote au loin un tapis verdâtre s'étendant sur plusieurs hectares et perte vue et qui etaient les champs de canne à sucre et qui sur un panneau surchargé de lettres indicatrices je pouvais lire virage pour sindou distance une trentaine de kilomètres et juste en bas virage pour l'usine sosuco de beregadougou et qui était la societé sucrière de la comoé implanté ici pour la production et distribution du sucre dans toutes ses formes et derivées qui servent à extraire de l'alcool et goudron par l'usine sopal et aux abords des ces champs quelques palmiers et cocotiers s'elevaient à haut le sol et se livraient une lutte d'influence et cette fraicheur qui nous fouetait venait des fonds de ces champs arrosés permanemment et qui cernaient ces aimables proprietés de berega jonché sur une sorte de colline et qui à ses pieds on avait une sorte de ravin rempli d'eau et la route était orné de panneaux et de geants caicedras qui attestaient l'ancienneté de la voie et aux pieds desquels de belles fleurs garnissaient ces crevasses dont je ne me rappelle plus leur nom ;alors en quittant berega on remontait vers douna dernier village avant la ville de banfora qui n'était pls qu'à sept kilomètres de là et tous ces villages bobo, dioula, tiefo,toussian, tourka, senoufo, gouain traversés on sentait de la joie oui beaucoup de joie simple car la joie des pauvres c'est un vrai bonheur que les gens aisés de ce monde recherche souvent composés de constructions traditionnelles et modernes faite de brique , de pailles avec des volets disjoints , des portes en bois et on roulait en toute quiètude sur cette route deserte dans l'accrété de notre vehicule qui se chauffait peu à peu et qui sentait par moment de l'huile brulée l'acier surchauffé, le crin moisi et le caoutchou decomposé et à douna se trouvait un poste de contrôle de police et de taxe routière avec sur notre gauche une voie en terre qui s'echappait de la voie goudronnée où sur un panneau je puis lire virage pour gaoua dans la province du poni long de cent quatre vingt douze kilomètres et où se les ruines de loropeni decreté comme partimoine mondiale par l'unesco, le sanctuaire des rois gans et les collines du bafoudji et on fut un temps d'arret et l'agent de police qui était venu à nous fut étonné de lire sur nos papiers diané un nom de famille jamais entendu par lui que je pris le temps de lui eliciter tout sur mon origine et qui après quelques explications il se retrouvait dans cette histoire des peuples et nos laissez passer tamponné et remis on avait repris notre route pour la ville de banfora et maintenant on roulait à une vitesse reduite sur cette voie qui continue sur la cote d'ivoire et fut notre entré dans la ville par le stade, ensuite l'usine d'égrainage du coton de la societé des fibres et textille sofitex implanté un peu partout dans le pays des hommes intègres comme banfora, fada, ouaga, solenzo, n'dorola, diebougou, Dédougou, kourouma avec l'usine principale et siège de la société dans la ville de sya ,puis le palais de justice et un concentrations de domaines hôtels, gare routière, grand marché, la gare ferroviaire, une cité d'habitation, l'usine du grand moulin du pays des hommes intègres spécialisé dans la production et distribution de toute sorte farine de céréales, les services de l'état et des privés, les commerces, les écoles , les lycées, l'abattoir, les postes de santé, l'hôpital, les postes de sécurités et de défenses avant de prendre notre arrêt sur la tarnaque en allant nous loué un auberge pour notre séjour et la nuit venue une étonnante sérénité s'étendait sur la ville avec un ciel piqué à l'absence de l'astre de la nuit la lune et vite on s'était retrouvé au lit pour être d'attaque le lendemain et qui au réveil après notre petit déjeuner on était allé faire un tour d'abord du côté du lac de tinguerla question de faire visiter les hippopotames par le passeur du jour qui ne s'était pas passé de nous faire quelques éloges folkloriques de ces bêtes très pacifiques et s'attaquent rarement aux hommes et vivent en parfaite cohabitation avec les riverains sauf les imitations exploits réussit par les sorciers qui se transforment souvent en ces bêtes pour attaquer les gens ou saccager les champs de riz des pauvres population par simple jalousie et cela c'est à chaque fois quand les cultures sont mûrs et prêtes pour les récoltes et qui de retour on était allé passer tout notre après-midi aux cascades dont l'accès se fait par une voie se faufilant dans une sorte de forêt jusqu'au campement où on une sorte d'auberge et des pavillons de repos et relaxes et un guide était là pour nous faire explorer les recoins à ses pas et c'était des vues extraordinaires de ces chutes fabuleuses sur une hauteur importante et dont les bases servaient de piscines en plusieurs endroits avec des jets d'eaux et on restait là jusqu'au soir venu avant de replier route sur banfora dans cette monotonie de cette ville peu moderne pour pouvoir se faire transporter le lendemain au niveau des falaises de sindou un autre vestige dans cette région des cascades . et la nuit c'était vite passé après cette belle journée passé hier dans les piscines de ces cascades on c'était retrouvé à sindou en face d'une chaine d'une sculpture fascinante on dirait une œuvre humaine vue les disposition, les découpage et l'alignement un vrai saveur visuel et qui le comble de la nature là où elle se sente vide et dans toutes ces visites on pouvait que nous faire des clichées de souvenir car il n'y avait rien à emporter et retourner sur banfora on s'était mis aux préparatifs de notre prochaine excursion dans la province du poni long de cent quatre-vingt-douze kilomètre de banfora en nous faisant plein de provisions car on ne savait dans quelle galère on allait nous retrouver dedans comme nous disait un gouain ces gens sont des sauvages et non civilisés ah quel risque vous prenez là en amenant ta famille parmi ces peuples avant de nous l'adresse d'un de ces connaissances à loropeni et très tôt le matin on avait quitté notre refuge à banfora direction poni et dont notre progression nous conduisait dans l'ouest profond une zone peuplée de lobi, gans, dogossai comme autochtones et quelques étranger peulhs, mossi, dioula etc. et plus précisément avec destination loropeni et environnants ce village antique et riche d'histoire et où lobi et les sofas du légendaire samory Touré se frottèrent et dont les dioula restaient neutres loin du royaume des gans et leur cousin venu du gold cost où à obiré localité situé à dix kilomètres de loropeni ils fondèrent leur dynastie dirigé par un chef suprême avec ces ministres comme chez les mossi et où plus d'une vingtaine de rois et reines ce seraient succédés et dont l'appellation de la ville de gaoua tire sa phonétique de cette migration Ganne en lobi gan-ouèra qui veut dire route des gans car c'est de là qu'ils transitèrent jusqu'à obiré Et en quittant la ville de banfora, on s'était mit à rouler dans ce matinal jusqu' au poste de police et où on alla nous garer pour un simple contrôle de routine qui allait nous permettre le passe pour gaoua. Et dont à l'arrêt du car un policier était monté tout en criant : montrez vos papiers d'identité et qui même avant même d'avoir eu à tout vérifier, il était redescendu du car dont l'intérieur était calciné d'une vague d'odeur de sueur. Et juste sur le virage de la voie de gaoua, il y avait un panneau sur lequel je puis lire ici route de gaoua cent quatre vingt douze kilomètres. Et notre chauffeur qui venait de mettre en marche de nouveau le moteur du car, nous arracha le virage pour nous placer sur cette voie en terre. Et c'était un jeudi ; et dont chacun pouvait réclamer son arrêt. Et ainsi, on avait quitté ce poste par cette voie tracée dans la savane banforaéenne direction gaoua. Et qui peu à peu je commençai à me mettre en confiance à bord de ce car qui ressemblait presque à ces tas de ferrailles qu'on en rencontre ici un peu partout au pays des hommes intègres et en Afrique et qui sont de vraies ferrailles maquillées dites France au revoir et bienvenue en Afrique. Et qui sont souvent pourries et asthmatiques aux pneus non-dit pas et qui tacotent vaille que vaille. Et sur cette voie dont on roulait, était bordée d'arbres, de karités, et autres avec des fleurs qui garnissaient quelques coins avec la grande folie de la nature dont certaines parties du monde en souffre de sa mauvaise répartition. Et qui serpentait à travers la brousse dont à quelques kilomètres de douna, on allait faire notre entré dans le premier village du nom de labola, village de paysans avec des maisons traditionnelles au côté de quelques constructions modernes et pauvrettes avec des portes et fenêtres branlantes, des volets disjoints, un pied d'arbre fruitier devant chaque concession, un hangar, une charrette, de vieux vélo et avec beaucoup de joie surtout et de chaque côté, on longeait des champs immenses aux cœurs desquels se livrait une lutte acharnée des belles cultures. Et qui dans ce remue-ménage mon attention fut retenu par cette plaque en cuivre collée en haut de la tête du chauffeur et sur laquelle je puis lire capacité quatre vingt places au moment où, on dépassait labola et qui à sa sortie, on fut arrêté par un type qui se tenait au bord de la route tout en faisant signe au chauffeur de s'arrêter. Et qui à sa vue le chauffeur lança le clignotant sur sa droite et alla se garer tout près du type et que la porte du car ouverte par le convoyeur, l'homme monta et prit place à l'intérieur pour nous permettre de continuer notre longue route de 192 kilomètres. Et on roula jusqu'à tièfora où des gens nous quittèrent et que d'autres montèrent pour qu'on soit en comité restreint pour ce voyage. Et comme chacun était libre de réclamer son arrêt voilà qu'ainsi le car opérait de temps en temps des arrêts soit pour prendre de nouveaux passagers, soit pour que d'autres descendent, et même en pleine brousse où il n'y a même pas d'habitation en bordure de la route qu'on fut arrêté par des gens. Et après tiéfora, on fut arrêté par un couple et puis un peu devant par un groupe de trois personnes et encore devant par un groupe de peulh pour compléter cette vague. Et dont maintenant on était vraiment en comité complet, pour ne plus se causer que par des yeux qui lie souvent les rescapés et qui produit souvent des effets d'exploits entre ceux qui ont des confins pour se sentir entre eux. Et laissez-moi vous donner un exemple et c'est comme au cours d'une soirée et que dès que sont partis les quelques fournées d'invité un lien se crée entre ceux qui restent et qu'importe l'âge ou leur classe, tu arrives le coin est calme, car personne n'ose toucher et que si quelqu'un fait quelque chose sans le vouloir ou par exprès, toutes les physionomies se dressent vers lui avec une sorte d'incongruité avant que tout ne se dissimule pour créer un allègement dans l'atmosphère. Et que si le nombre diminue encore un peu alors tout brasse et que le dernier qui reste avec toi, tu lui explique toute ta chaleur. Et notre car avait continué sa progression tout en grignotant ces quelques kilomètres qui nous séparaient de gaoua et qui depuis près de deux heures déjà, on roula à travers la savane, la brousse et les bois de cette province de la Comoé et direction de la province du poni et dont la frontière était après le département de Sidéradougou. Et on était allé dépassant des plaines, plateaux, collines, des rizières, des vallées, des retenues d'eau sur cette route et qui en des endroits il a fallu des taillées dans les côtes. Et voilà qu'à soixante kilomètres de la ville de Banfora, on allait faire notre entré à Sidéradougou département historique et dont une sorte de joie vint briser cette monotonie qui régnait dans ce car qui roulait vaille que vaille. Et dont on fut notre entré à sidéra par un pont construit sur une cours d'eau et d'où au pied de ce pont je vus des femmes occupées à faire la lessive et la vaisselle et se débarbouiller dans cette eau pure et impure avec à l'autre côté des bœuf qui s'abreuvaient. Et la route traversait la zone et la divisait en deux corps concentriques de long ,c'est-à-dire de la rentré jusqu'à la sortie et à chaque côté de la voie ,on avait des constructions modernes et traditionnelles, des boutiques, des cafétérias, des lieux de grillades, des restau, oui car toute animation et activité commerciale étaient concentrées par là et bombé de monde et de marchands ambulants qui nous exhibaient leurs articles tout en criant à notre passage pour le poste de contrôle de la gendarmerie où on comptait observer un simple arrêt de routine avant qu'on rebrousse route. Et on ne fut pas plus de vingt minutes à sidéra, car vite on avait repris notre route qui ne nous restait plus que cent trente deux kilomètres et ainsi on était allé dépassant successivement des villages comme dandougou, banogo, dégué-dégué, kouèrè, ouho, et cela jusqu'à lokosso et qui ne nous séparait plus que de quinze kilomètres de loropeni. Oui une distance qu'on allait pouvoir le parcourir à moins de vingt minutes. Et on entra à lokosso par l'ouest où de gauche comme de droite, on avait des bas-fonds aménagés par la coopération canadienne pour ces villages et comme un peu partout tout au long de cette route pour la culture du riz c'est à dire de Banfora jusqu'à gaoua. Et dont à ce niveau-là, on avait un pont et comme tout au long de ce parcours la route traversait et divisait tous ces village qui c'étaient formé à son abord et dont ces villages avaient les structures en constructions et en mode de vie avec des maisons soient en banco, en ciment ou en pierres couvertes de terre, de pailles ou de tôles ,avec des volets disjoints, des portes en bois, en fer, en tôle ou rien qui démontraient l' aspect de la pauvreté dans ces villages comme un peu partout dans ce monde et ici au pays des hommes intègres . Et on alla le traverser en toute allure en montant par une sorte de côte plate et cela sur quelques mètres dont à la sortie, on avait leur complexe sanitaire et deux géants fromagers d'une quinzaine mètres de diamètre chacun. Et quelques mètres de lokosso, on tombait sur un troupeau de singes qui se balançaient sur des branches du haut d'une colline et dont vue la densité des arbres à ce niveau me fut penser à une forêt galerie. Et notre car continuait toujours son vrac, vrac sur cette route un peu déserte de circulation. Et on roula ainsi jusqu'à loropeni d'où à deux kilomètres de la rentré on tomba sur un panneau sur notre gauche et qui portait ces écriteaux « ruines de loropeni » distance deux kilomètres une des sites les plus importantes du pays des hommes intègres et dans le monde que l'UNESCO vient de décrétée comme patrimoine mondiale et ce qui donnait aussi de la valeur à cette province dans cet ouest du pays et dont on n'y pouvait y accéder que par une autre voie perpendiculaire à cet axe Banfora –gaoua et qui s'évadait de là pour s'enfoncer à travers cette brousse en direction du nord-est. Alors ayant dépassé ce passage, on débouchait maintenant, non dite qu'on déboulait maintenant vers le centre de loropeni où allait prendre fin notre voyage même si le car allait continuer sa route. Et on fut notre entré à loropeni par le quartier de koko ; Et koko est un mot dioula qui veut dire en français derrière le marigot. Et ce quartier était composé de constructions traditionnelles et modernes habités par des lobi, gans, mossi et dioula et quelques peulh qui composaient la population de loropeni. Et à koko, on avait une agence de caisse populaire, une maison des jeunes, des cabarets. Et le quartier était jalonné de rues et ruelles avec à l'intérieur une église et qui à la sortie de ce quartier, il y avait une croisade de route, c'est-à-dire entre celle dont on se tenait dessus et celle de yéréfila qui continuait jusqu'à diébougou la province du bougouriba une des 45 provinces du pays. Et dont en dépassant cette croisade, on était allé nous échouer sur une cours d'eau dont les à-côtés de son lit étaient aménagés pour la culture du riz et qui s'étendait sur une très grande superficie et qui en ce jeudi je vus des hommes et des femmes occupés au repiquage du riz. Et qui sur cette cours d'eau était construit un large pont, qu'on alla le franchir pour nous retrouver de l'autre côté d'où à quelques mètres sur un terrain un peu élevé se livraient des manguiers une lutte d'influence même à hauteur du sol pour se dresser à quelques mètres sur notre gauche et aux arrières d'un champs de banane et avec à notre droite un puit dont les abords étaient bondé de monde pour la prise d'eau cette liquide indispensable pour la survie de tout être vivant. Et qui de là des constructions s'échappaient jusqu' à l'intérieur et à la sortie de loropeni. Alors ce pont passé, on s'était mis à rouler vers le centre de loropeni où se trouvait la gare de cet agence et dont vue l'allure lente qu'avait opté notre chauffeur maintenant, cela me permis de visiter les recoins de ce village pour voir les changements qu'à apporter la modernité ici et découvre sur ma droite leur marché tout en contemplant cette zone au pas de notre car qui continuait sa route vers cette gare qui se trouvait à quelques mètres du poste de police de ce département qui faisait face à la cours de la préfecture et aux mêmes enseigne de l'office nationale des télécommunication du pays des hommes intègres et d'où une antenne était surmontée. Et ce fut l'instant que l'idée me vint de jeter un coup d'œil sur ma toque ; et constatai qu'elle marquait quinze heures et quelques. Et dont sur un coup de frein précis notre chauffeur était allé nous mettre en arrêt sous un grand manguier ombragé et d'où un monde fou était déjà en attente pour se faire transporter jusqu'à gaoua. Et le chauffeur satisfait de lui avait sauta à terre et s'était allumé une cigarette tout en essayant de se dégourdir un peu jambes, en attendant que les agents attitrés par la société ici à loropeni ne finissent de décharger nos bagages et de charger pour ceux qui doivent débarquer. Et on était maintenant à destination à loropeni un département de la province du poni situé à quarante-deux kilomètres de gaoua, deux cent trente kilomètres de sya et de cent cinquante de Banfora et qui tient sa réputation grâce à son histoire et à ces ruines et loropeni cette localité lobi s'est jointe par d'autres ethnies comme les dioula venus de Kong en côte d'ivoire par le biais du commerce ainsi que les mossi et les peulhs pour l'élevage car la zone est très florissante dont l'histoire fait ressortir leur confrontation avec un bataillon des sofas du légendaire samory conduit par un de ses fils et qui est le seul opposant qui a pu tenir tête à l'envahisseur pendant sept ans par une stratégie de guerre hors commun les brulis associées à ces technique et tactiques d'attaques et de défenses malgré ces infériorités militaires armes et autres cet homme née dans les hautes terres du fouta djalon en guinée comme nous connaissons tous sa fin tragique trahis par un des proches pour satisfaire l'envahisseur en guise de quelques miettes de récompense dont il mourut déporté loin de sa patrie avec son compagnon fidèle de tous les jours de gloire, de joie et de douleur au Gabon en mille neuf cent et qui nous a conduit où non et qui a conduit où le continent à la soumission , l'exploitation de nos richesses, à l'esclavage, le commerce triangulaire, la déportation de ces fils ces bras valides sur d'autres continent pour servir de main d'œuvre, de soldat pour des causes dont on avait rien à y avoir dedans et qui continue toujours à nos jours sous tant d'autre formes et très maquillées comme sankara thomas et à loropeni comme à galgoul ils eurent des affrontements entre les troupes français et celle de samory et dont les dioula qui ne voulaient se battre restèrent neutres pour jouer aux pacificateurs comme à darsalamy et ici l'envahisseur ne passa pas sans laisser de souvenir comme un peu partout dans le pays des hommes intègres et à travers toute l'Afrique et dans le monde en passant par des bâtisses , des camps et tant de vestiges historiques qui nous rappel toujours leur présence et leur retour et ici animistes, chrétiens et musulman cohabitent en parfaite harmonie en avale entre les souffles du passé et du futur et ici tous les activités sont concentrées à l'intérieur du marché qui ne s'anime que chaque cinq jours et aux abords de la voie par des restaurants, boutiques et autres étalages ; alors une fois les pieds sur terre, on était mis en attente de nos bagages pour pouvoir rentrer et dont ce ne fut qu'après 10 minutes de notre arrivé, qu'ils commencèrent à nous balancer nos bagages dont chacun réclamait pour lui. Et nos bagages récupéré et les renseignements reçu sur notre tuteur un certain da cié noufé et où nous fumes conduit à velo à quelque cinq kilomètres du centre de loropeni par des jeunes gens à qui on avait fais confiance cette prise de contact parmi ces peuplades et on fut alors logé dans une famille ainsi ma famille et moi et dont il nous un bon bout de temps pour nous acclimenter à tout ici leur manger, leur eau à boire, leur comportement , leur manière d'etre etc pour commencer à devenir comme eux, à adopter leur quotidien, à se deplacer continuellemnt comme eux , à frequenter les jours de marché avec eux et qui en ces jours de marché ils arrivent de toute part meme dans les contrées les plus éloignés à pieds portant leur marchandise sur la tete avec des habillement simples culotte, morceau de pagne, tete rasée, nez percé et levre superieur et orné d'un bout de bois et marchant torse nue les femmes avec des colliers et ornement autour des cous , pieds et bras et on arrivé à l'année de leur bourbouré un rite traditionnel et coutumier et initiation qui ait lieu tous les sept ans et dont tout lobi est obligé à passer par ça fille comme garcon jeune ou vieux une fois dans sa vie pour etre respecté et consideré par la communauté et qui se pratique comme un genre de pelerinage vers la frontière du ghana qui ne s'effectue qu'en marche pour atteindre les lieux memes si votre contré est loin de là et qui se solde toujours par des pertes en vie humaines due à plusieurs facteurs sur ces pistes fatigues et sur les lieux maladies et autres et dont les deplacements et regroupement se font par clan, contrés , familles Et cette coutume lobi concernait jeunes, adultes et vieux, c'est-à-dire toute personne à l'âge d'accomplir ce rite qui est devenu par la suite un mythe. Et ce regroupement se faisait par villages et qu'on ne s'y rend que par marche ceux choisis pour l'accomplissement de cette rite et le lieu se situait à la frontière ghana-burkina, et dont sauf les maîtres de cérémonies étaient autorisés à utiliser des engins pour se déplacer et dont ils se débarrasseront de ça au dernier village avant l'entré dans la zone de culte. Et ceux ou celles qui étaient choisis pour ce rite étaient tous mis en culotte pour les sexes masculins et pagne pour les sexes feminins et torse nue , tete rasée et marchant en rang ordonné avec les initiateurs au devant et en arrière du peloton et au son des grelots genre de Tam Tam chantant et battant les mains; comme me disait un jour un sage lobi et qui en est déjà été; que ce rite est une coutume très rigoureuse et avec des règles strictes, car une fois là bas aucune erreur n'est toléré et ni pardonnable avec ces lois formelles et inviolables. Et qui m'ajouta aussi que chaque erreur pouvait être mortelle puis que il est interdit à chaque membre choisi de quitter son groupe et que si cela arrivait par hasard la personne pourrait se faire tuer par les autres qui vont soient le manger ou le jeter dans un ravin et que les cérémonies d'initiatives peuvent durer deux mois ou plus et qu' à a fin de la cérémonie, on leur enseigne une autre langue, taille leur dent en pointue, les rebaptise avant qu'ils ne reviennent auprès des siens et dont leur retour était toujours un signe d' effroi pour les populations sur tout le long des pistes , village et brousse dont ils sont amenés à traverser le territoire, car marqués par ce rite ils deviennent souvent austères et feroces contre tout le monde. C'est-à-dire contre tous ceux qu'ils rencontreront sur leur chemin sans distinction. Hors qu'avant, ils ne s'en prenaient qu'à ceux qui étaient de même ethnie qu'eux, c'est-à-dire lobi. Et dont maintenant aujourd'hui c'était le contraire, car il suffit que tu ais avoir à faire avec quelqu'un parmi eux avant son départ pour ce culte. Et dont il leur arrive souvent de battre quelqu'un à mort tout en poussant des cris éperdis. Et que quand ils reviennent de ce lieu pour annoncer à ceux qui ont perdu quelqu'un là bas, ils vont déposer du to sec devant la porte de ces parents ou du goulé un arbre donnant des fruits jaunes dont l'appellation est ainsi en dioula derrière leur douche. Et dont après qu'ils soient arrivé chaque groupe dans son contrée les initiés seront dans un camp hors des concessions pendants 30 à 45 jours pour terminer leur initiation et apprendre leur reintegration dans leur famille respective et dans la société en vue de reprendre leur ancien mode de vie et dont chaque jour ils se regrouperont pour chanter, danser, se promener à travers les contrées pour demander de l'aumône et toujours torse nue avant qu'on ne les attribut à chacun une culotte et habit faite de cauris et qui signifiait que leur initiation tirait maintenant vers sa fin, pour sillonner toutes les contrées aux sons des lingas pour saluer les gens sous l'œil vigilant des initiateurs et cela jusqu'à un certain temps avant de commencer à s'habiller normalement et dont il faudra attendre encore sept années encore pour revivre ce pelerinage coutiumière lobi cet ethnie sociable, vertueux, respectueux restreint et stricte en regle de la vie et de l'organisation sociale. Oui cet ethnie exceptionnel sont des gens de parole et de respect et aussi très restreint et stricte. Oui car si un lobi te place sa confiance c'est toute sa descendance qui te feront confiance et à tes descendances jusqu'à la fin des temps et qui dependra aussi de toi d'observer tes actes envers lui pour ne pas le décevoir du tout ou rompre cette confiance. Oui car tout ce qui t'arrivera il le prendre comme si c'était lui-même, et qu'en sa présence personne ne pourra t'offenser et qu'il est capable de te defendre meme à la perile de sa vie et de s'il ne t'aime pas ou ne te porte pas dans son coeur, sache que, que c'est toute sa descendance qui vont te haïr. Et que si tu fais du bien à un lobi, son souhait est de te rembourser ça mille fois et peut être durant toute sa vie même. Et même topo si tu lui fais du mal il ne l'oubliera jamais et cherchera coute que coute à te rendre ce mal et que même si lui en son temps, il n'a pas pu te rendre compte de ça sache que, que tôt ou tard un de ces enfants ou petits enfants rendra cela même si ce n'est pas à toi mais à quelqu'un de ta famille car il laissera des consignes pour ça avant sa mort. animistes à cent pour cent les lobi ont des procedés diaboliques comme chez tous les peuples animistes qui à la mort d'un de leur et pour elucider sa mort ils procedent par des rites malefiques question d'interroger le mort sur les causes de son decès en cas de soupçon en immolant coq, chevre sur le fetiche et par geomancie qui est souvent source de vengence, de rancune entre famille, clan, contré à longue terme dans les cas ou le decès est attribué à quelqu'un , clan , famille ou contré et qui par les memes procedés te deplacent un mort d'un autre pays à l'autre pour son enterrement dans sa localité à l'aide d'une queue mystique qu'on met dans la main du mort et qui le guidera jusqu'à destination avec les maitres occultes Et chez des peuples animiste le mort peut faire souvent une semaine avant qu'on ne l'enterre et qui durant ces sept jours c'est la fête seulement manger, boire, pleurer, danser. Et que le mort sera habillé et paré de tous ses atouts et placé dans une longue chaise devant sa porte accoudé avec pipe dans sa main gauche et chasse mouche dans sa main droite et des plats rempli de toutes sortes de mangers qu'il aimait de son vivant en plus d'un canari rempli de dolo ou bière de sorgho rouge dont chacun passera devant lui dire ce qu'il a à dire et lui offrir ce qu'il pourra comme cadeau d'adieu oui car chez ces peuples là, malgré qu'ils soient animistes savent qu'il y a une autre vie après la mort valeur. Ici chez les Lobis comme chez tous les peuples animistes, on en trouve un fétiche dans chaque cours qui veille sur la famille. Et dont beaucoup gens croient que tous les mythes sont païens hors il en existe aussi en afrique.et après son enterrement le dessus de sa tombe sera orné de trucs materiels ustencils, cuillières, etc et dont souvent les tombes des patriarches sont creusés dans la cours familiales ou devant la grande porte d'entré de la cours cette manie des animistes et qui n'ont jamais attribué le decès d'un des leurs à dieu mais à quelqu'un qui les font agir ainsi Et notre sejour était une succession d'evenement car depuis notre arrivé il n'était plus question que de la mort du vingt septième rois gan à obiré village situé à 7 kilomètres de loropeni où on allait nous faire transporter la bas en profondeur de cette brousse et où plus de vingt six rois et reines ce seraient succedés et immortalisés par des figurines en terre battue et dans des cases non dans un sanctuaire un des vestiges de cette province et dejà on ne parlait que de l'installation du nouveau et vingt huitième roi sur le trone et dont ces gans et gannes étaient déjà en signe de deuil, têtes rasées, ficelles teintes en couleur rousse que les femmes se traversaient le corps avec en plus des pagnes teint soient en bleu ou noir ; et ces ficelles tissées en genre bonnet pour les hommes, et qui partout à travers la province et le pays les commentateurs pour cette cérémonie traditionnelles étaient en exgerbe. Et dont les mots fusaient sur deux personnalités frères et que tout le monde serait inviter à assister à cette fête grandiose et d'un capital très important. Et qui pour la même occasion on avait tenu à aménager le sanctuaire ce cite touristique de la dynastie ganne avec l'aide et l'intervention d'une personnalité très importante dans la région et qui servit d'intermédiaire pour que la zone puisse bénéficier de l'appui de l'ambassade de l'Allemagne une française du nom de mademoiselle sœur madeleine âgé d'une soixantaine d'années et de taille courte, un peu grosse, joviale, sociable ,gracieuse et qui n'est plus de ce monde depuis janvier deux mille quatre, paix à son âme et fondatrice de ce centre d'étude de la langue Ganne ou kansée dont le siège se trouve à gaoua oui cette dame qui a pu convaincre la coopération allemande de s'investir dans ce projet de mise en valeur de ce cite touristique très important dans cette province après les ruines de loropeni décrétée comme patrimoine culturelle mondiale par l'UNESCO. Oui car c'est elle qui fut à la base de tout changement ici à obiré en essayant d'attirer ce peuple vers la modernité. Et leur choix pour le futur roi était porté sur un certain ardjuma farma un ancien fonctionnaire de l'état du pays des hommes intègres en retraite et baser à gaoua avec sa modeste famille et qui est un homme qui a su bien construire sa vie avec sa femme d'ethnie dagari ; et de taille moyenne et très bien cultivé ; et qui en avait à sa possession un citoyen deux chevaux pour ces propres déplacements et une Peugeot bâchée au couleur du créateur français monsieur Peugeot qui eut à faire ses exploits de son époque et à nos jours avec la continuité. Et ardjuma avait aussi une entreprise de construction et dont ce fut son entreprise qui fut désignée pour l'exécution de ce projet de reconstruction et de mise en valeur de cette sanctuaire de rois gans à obiré et à kouhoro. Et dont pour le moment, on était encore loin de là,car en pays gan la succesion n'est pas la meme que chez les bobo ou les mossi alors laisser moi vous conter un peu comment les gans se prenaient avant et à nos jours pour choisir un successeur à un roi mort selon les dires d'un sage gan du nom de kologobo que pour choisir un successeur à un roi mort et qu'après qu'ils aient portés leur choix sur le futur roi ,on remet la bague royale et un fouet à un homme valide et robuste. Alors prêter bien vos oreilles à cette petite scène très succulente et qui n'a qu'un seul but montrer à la nation Ganne que la personne choisie pour succéder au roi défunt à accepter l'offre de la cours royale ; et cet homme est chargé d'enfiler cette bague à un des phalanges de cette personne choisie même si cette personne devrait le battre à mort. Et quand l'homme arrivera chez la personne choisie, il lui remettra d'abord le fouet sans mot dire avant de tenter de lui enfiler cette bague royale par force et qui est un jeu, une méthode dont les règles sont souvent cruelles, car la personne choisie ne doit pas se laisser enfiler cette bague aussi facilement comme ça, sans essayer de se défendre, de résister même si c'était son souhait d'être roi. Et dont pour cela, il doit se défendre par des coups de fouets qu'il administrera au l'emetteur de la bague et cela jusqu'à ce que ce dernier réussisse à lui enfiler la bague et qui prouvera à la nation Ganne qu'ils ont enfin un successeur à leur roi mort et que la personne choisie à accepter. Oui un acte dont il est recommandé coûte que coûte au l'emetteur de la bague de réussir sa mission même si on doit le battre à sang ou jusqu'à mort puisque c'est primordiale. Et dont la scène se déroule dans une atmosphère tendue et massacreur avec de la résistance dans les deux camps d'un duel corps à corps. Et cela jusqu'à ce que l'emetteur réussit sa mission en enfilant la bague à un des doigts de la personne choisie, et qui amenera l'heureux élu à prendre place au trône en succedant au defunt roi sans refus de cette charge qu'on vient de lui charger. Et c'était ainsi qu'ils avaient choisis monsieur ardjuma comme leur vingt huitième rois pour gouverner et diriger cette nation Ganne et apporter un peu de changement et de modernité dans leur mentalité toujours anarchique et rudimentaire. Car ici en pays si un roi ou une reine n'est pas bon gouvernant et que le peuple ne veut plus de lui ils ont des procedés mystiques pour l'eleminer en vue de le remplacer et que c'est ainsi depuis la creation de cette dynastie ganne et c'est de la pire sorcelerie m'avait ajouté kologobo à moins que ce roi soit aussi lui plus puissant comme ces quelques rois et reines qui ont pu régné jusqu'à leur propre mort sans qu'on ne l'élimine par sorcellerie, pure magie malgré qu'ils étaient mauvais.Et qui selon toujours kologobo pour éliminer un roi par sorcellerie, les maîtres de culte ne disent rien à l'entourage du roi ; et remplaceront par sorcellerie l'âme du roi par celle d'un âne qu'ils iront chercher ailleurs dans un autre village pour pouvoir procéder à cette essence occulte et dont ils ne traverseront pas le village royal avec pour aller l'attacher dans leur lieu occulte tout en lui déposant une maigre ration de petit mil et sans eau avant de revenir au village et attendre ; car un mot sur ça avant l'accomplissement de la part d'un de ces maîtres occultes c'est lui qui sera le premier à mourir. Alors quand l'âne aura finit de brouter tout ce mil, alors il surcombera de soif et qui sera alors les débuts de malaises du roi avant que son âme ne s'envole de sa caracace au troisième jour après la mort de l'âne. Une scène vraiment cruelle et qui est une des puissances occultes des peuples animistes qui leur réussissent toujours ces tours de magie et de sorcellerie ces adeptes de satan et du diable et à tous les coups. Et comme ça monsieur ardjuma allait être le vingt huitième rois de cette nation Ganne et dont la date choisie pour cette grande fête et double l'installation au trône et l'inauguration du sanctuaire fut fixé à un mercredi vingt-deux juin mille neuf cent quatre-vingt quinze. Et comme ça tout le monde avait invité à prendre part, et qui allait être une fête de brassage, de rencontre Et c'est ainsi très tot au matin du vingt deux juin on quitta loropeni tout en roulant en direction de l'ouest et allant dépasser ce pont construit sur cette cours d'eau dont le lit servait de rizières avant de faire notre entré dans le quartier koko d'où, on avait l'embouchure de la voie de banfora et celle de yerefila et d'où il y avait un panneau pour nous signaler qu'on doit tourner sur notre droite et monter par cette voie de yerefila ; qui continuait jusqu'à yeguereso carrefour très important entre l'axe bobo-ouaga et diebougou-bobo à cause de ces vendeuses de fruits, legumes et autres aux multiples choix de la nature et de repos aux camionneurs de long trajet et dont par ce virage on quittait l'axe gaoua-banfora pour cette voie de yerefila et parcourus au moins cinq cent mètres à une vitesse réduite vue l'état de la voie, avant de tomber sur un deuxième panneau implanté sur notre gauche nous indiquant la route de obiré par une flèche,dont ainsi, on quitta cette voie de yerefila pour nous lancer dans une nouvelle course sur cette voie qui ressemblait à une piste rurale et qui était gravillonneuse. Et on s'était lancé à toute vitesse sur cette voie en direction de l'ouest un peu rétrécie en des endroits et qui se faufilait à travers cette brousse, cette belle savane avec ces hautes arbres, et arbustes composé de karités, néréides et autres aux feuillages touffues à cause de cette période hivernale et jalonner de champs immenses d'igname ; mil ; sorgho et qui expliquait le disperchement des habitations les unes des autres et dont les racines étaient meme à travers la voie. Et dont sur cette piste en ce jour mémorable, on dépassait des piétons, des cyclistes et motocyclistes qui se rendaient à cette fête ; malgré que la voie était en mauvais état et qui était tantôt creuse, bosselée avec des branches de travers. Et on roula ainsi jusqu'à aller franchir l'unique pont construit sur cette voie et qui ne nous séparait plus que de deux à trois kilomètres du village. car depuis ce pont franchis, on pouvait apercevoir les premières constructions perdit dans cette brousse et qui étaient des cases et d'où à quelques pouces ,on avait une gigantesque construction à notre droite et qui était une paroisse adventiste conduit par des américains basés ici depuis longtemps et très longtemps même, et avec à ces enseigne et tout autour quelques constructions pauvrettes. Et dont à ces vues, je commençai à me dire que si c'est tout ça le village d'obiré ça ne vaurien, pour que notre guide me fait savoir que c'est pas tout comme ça et que mais c'est parce que les constructions sont trop dispersées ici les unes des autres, et je lui dit que c'est donc partout alors ici au pays des hommes intègres car dans tous les coins que j'ai traversé à cause de ces besoins de surfaces cultivables et plus accentués en zone mossi. Et dont après ces premières constructions, ce fut leur école primaire qui s'offrit à nos vues et derrière laquelle se dressait des cases anciennes en rénovation et devant lesquelles montaient au ciel deux gigantesques baobab et qui avaient pris racine au sol et d'où, on ne pouvait y parvenir que par une autre voie perpendiculaire à celle dont sur laquelle on roulait et qui était un virage à notre droite. Et dont depuis cette école, il y avait des gans et gannes habillés tous en signe de deuil et qui nous criaient la bienvenue. Et qu'on suivi notre route tout doucement jusqu'à aller prendre notre envol par ce virage en quittant cette voie et où il y avait un panneau surchargé de lettres indicatrices que je puis lire là-dessus ici sanctuaire des rois gans et que notre pente redressée, on était allé nous mettre en parking comme les autres véhicules qui nous avaient devancés à obiré. Et trouva que la place était déjà bourrée de monde. Et dont quand on fut ,notre chauffeur donna l'arrêt par un coup de volant précis et suivi d'un coup de frein pour nous permettre de sauter à terre en vue de nous dégourdir un peu les jambes meurtris par le voyage et surtout avec l'état de la voie. Et dont une fois les pieds sur terre on était allé prendre place .Et qui fut le moment dont le roi arrivait sur les lieux escorté par sa cours ;où déjà un monde fou attendait son arrivé et parmi lesquels on avait le ministre de la culture et de la communication en ces époques monsieur Nurukyor Claude Somda qui n'est plus de ce monde paix à son ame , le représentant de l'ambassadeur d'Allemagne et bien d'autres personnalités importantes invités à cette double fête qui était la mise en place du nouveau roi et l'inauguration du sanctuaire réhabilité grâce à l'apport financier de l'ambassade d'Allemagne avec l'intermédiaire de mademoiselle sœur madeleine, sans oublier les homme de presse, écrivain, reporters , et autres. Et on avait la radio et télévision nationale du pays des hommes intègres antenne de gaoua et autres. Et dont tout était presque prêt avant notre arrivé, car sous ce hangar il y avait des chaises transportées de gaoua par une benne de la mairie de gaoua avec des installations alimentées par un groupe électrogène de marque Yamaha et tout ça cerné par une forte sécurité déployée de part et d'autre. Oui car à chaque coin et recoin que tu te tournais tu trouvais au moins un ou deux gendarmes ou policiers. Et dont à l'arrivé du roi, tout le monde s'était mit débout pour acclamer le roi et sa cours tout en lui marquant un signe de respect ; et qui avant de prendre place avait demandé à la foule d'observer une minute de silence à la mémoire du défunt roi dont il serait à partir d'aujourd'hui son successeur légitime. Et que ce ne fut qu'après cela, qu'on pris place tous sous cet hangar avant qu'un homme ne passe devant nous avec son micro pour nous haranguer en citant de tour à tour quelques invités de marque présentent à cette cérémonie à double fête et sans se passer de nous dresser la liste de ceux qui passeront devant nous pour nous tenir un discours. Et dont avant tout ça, non loin de là dans cette cours de l'école des femmes s'adonnaient à faire la cuisine pour tout ce beau monde qui avait fait le déplacement. Et dont quand l'homme eut terminé cette présentation, il avait laissé la place aux tamboureurs de la cours royale pour qu'ils nous tiennent en animation pendant un bon bout de temps au son de leurs tam-tams. Et qui après dix minutes d'animation, ce fut le préfet de loropeni à être le premier à prendre la parole devant les invités présent ce jour là et qui commença par des mots de bienvenues avant de nous tenir un long discours. Et qui ainsi, de tour à tour le commissaire nous passa en revue les élocutions du préfet, puis ce fut bouha souroun ouattara chef ouattara à loropeni, quelques députés avant que n'arrive le tour du représentant de l'ambassadeur d'Allemagne au pays des hommes intègres qui était un homme grand de taille, gros, ventrue, costaud ; et avant qu'on ne referme ce défilé de discours par le ministre de la culture et de la communication qui ne se passa d'honorer et de remercier tout le monde présent à cette fête grandiose et qui ont manifesté leur attachement à cette nation Ganne tout en démontrant toute sa joie pour cette coopération qui lie le pays des hommes intègres à la république fédérale d'Allemagne et pour toutes ces actions qu'elle mène et surtout pour ce projet qui en ait sortis un joyau et dont on était là tous pour vivre l'évènement et sur un fond de plaisanterie comme il en existe ici un peu partout au pays des hommes intègres entre plusieurs ethnies et dans quelques pays africains comme le mali, la cote d'ivoire, la guinée etc mossi-samo ; bobo-peulh ; dagari-gan-lobi-djan-gouain etc et dont quand il eut finit, nous l'applaudîmes tous avant qu'il ne rejoint sa place. Et de nouveau l'orchestre de la cours royale nous avait repris son animation et qu'ils nous tenèrent en haleine pendant une bonne dizaine de minutes avant que repasse encore devant nous notre homme pour inviter le ministre et le représentant de l'ambassadeur d'Allemagne à passer à a coupure du ruban concernant l'inauguration de cette joyau qui était cette sanctuaire des rois gans réhabilité ; et qui allait nous permettre d'avoir accès à l'intérieur pour des visites guidées et dont on était très impatient de pouvoir se réaliser ces visions au moment le roi et sa suite prenait congé de nous pour sa cours, et qui était très bien habillé dans sa tenue royale une vraie manufacture traditionnelle avec du coton pure et dont tout le monde s'était mis debout pour saluer le départ du roi. Et dont quand il fut partis le ministre et le représentant de l'ambassadeur se dirigèrent vers cette porte d'accès du sanctuaire suivi de nous autres pour la coupure de ce ruban et d'où ils nous tenèrent encore un tout petit discours avant de procéder à la coupure tous les deux. Et que quand cela fut, on s'était précipité tous à l'intérieur après le ministre et le représentant tout en se bousculant et pressés de se faire des visions de souvenirs et des photo en allant de case en case représentant les figurines de ces rois et reine avec une image d'eux faite en terre cuite et une plaque portant leur nom, date de naissance et temps de règne et ordre de règne. Et on visita ainsi de tour à tour chaque case avant d'aller nous retrouver au dehors sous cet hangar tout content et satisfait et d'où notre guide du jour nous fait savoir un certain koffi que c'est pas tout et que les restes se trouvent dans un village du nom kouhoro distant de cinq kilomètres de là. Alors vite,on avait quitté cet hangar,en nous dirigeant vers nos differents véhicule pour reprendre la route avec nos differents chauffeurs en allant transpercer cette voie quittant safiéré et passant par obiré pour rejoindre loropeni, et nous retrouver de l'autre coté sur une voie qui ressemblait à une vraie piste de vélo que nos chauffeurs dûmes forcer la main en vue de nous frayer un passage pour cette deuxième sortie qui nous conduisait à kouhoro, et passait à quelques mètres seulement de la cours royale et qui se faufilait entre ses quelques constructions qui se centralisaient à ces niveaux . Et on s'était mis à rouler à une vitesse réduite et dont à la sortie de cette zone je décelai à ma droite un groupe de personnes qui se soulaient déjà la gueule avec ce jus de sorgho rouge fermenté et dont l'odeur avait calciné toute la zone. Et qui ayant quitté obiré, on roula ainsi jusqu'à kouhoro sous un doux soleil qui montait peu à peu là haut, et où, nous allâmes nous retrouver devant une importante cité perchée sur une colline et dont au pieds de cette colline nous fûmes parking avec nos véhicules avant d'escalader cette colline jusqu'au sommet à pieds ; et d'où. on constata que la mise en valeur était toujours en cours, et que ces guides qui nous accompagnaient nous faisaient revivre ce passé en folklore. Et Kouhoro village antique était moins touché par la modernité, et d'où sur place à quelques mètres de cette sanctuaire, j'aperçu deux femmes entrain de manufacturer du beurre de karité à la manière traditionnelle. Pour cette visite, que j'avais voulu être témoin satisfait que de me faire raconter, car il y avait tout à voir de comme fascinant. Oui puisque ces monuments démontraient une sorte d'expression qui était au-delà de tout et qui était la beauté et la valeur de la culture africaine et qui naît souvent de la finesse de quelques talents qui ne se vantent pas. Et dont tout œuvre humaine doit avoir sa magnificence et cela allait nous permettre de nous instruire de l'histoire Ganne et qui allait se préserver pour des générations à venir. Et dont le représentant de l'ambassadeur qui avait tenu à dire quelques mots nous avait fait savoir que cette réalisation lui a beaucoup ému et que cela doit être une industrie pour le pays des hommes intègres et pour que cela contribue aussi au développement de la zone et qu'il espère que cette réalisation atteindra vite sa vitesse de croisière ; car la nature a horreur du vide et comme toute œuvre l'humanité est regie sur des regles qui sans lesquelles il n'y aura pas d'equilibre et qui serait profitable pour nous tous oui car depuis l'homme existe sur terre l'organisation sociale a toujours été placée au centre de toutes ses preoccupations dont on trouve presque partout dans toutes les sociétés du monde cette repartition sociale des taches et une allegeance à un système plus ou moins centralisé pour la bonne marche de celle-ci confié à chaque chef de famille, de clan, de canton, de village et du pays oui à ces hommes et femmes choisi comme rois ou reines , presidents ou chef d'état dont la nomenclature varie d'une region à une autre comme celle des gans et des mossi dont chez les mossi on a un empereur sans oublier des chefs de terre, de tam-tam, de pardon etc et meme des chefs pour ceux qui n'ont pas été choisis pour le trone et different chez les gourounsi , gourmanché et les samo dont il n'y a pas ce genre de chefferie decomposée et puissante dont certains de mes contemporains sont allés loin dans leur écrits et à dire que ces chefs sont des musées, des antiquaires et qu'il suffit seulement de faire un pas en arrière pour comprendre car chez les mossi ces chefs executent des rituels pour le bien de toute la communauté avec tant de cran et bien plus meme si l'envahisseurs est venu nous reussir son tour de force et nous faire croire qu'on ne peut rien inventer et qu'on ne pourra rien inventer et qu'il m'est difficile qu'on ait cru à ça du moins officieusement d'une logique simple pour pouvoir explique cette configuration d'idée dont ce voyage à obiré m'a permis de me placer au centre de la realité tres salutaire comme disait mon confrère norbert zongo directeur du journal l'independant dont nous connaissons tous sa fin cruelle avec ces compagnons sur la route de son village saponé assassiné sauvagement et brulé en parlant des occidentaux qui sont à la base de tous les maux que l'afrique souffre aujourd'hui guerre, coup d'état, corruption, maladies etc qui sont venu reduir à neant la place de ces chefs car avant un chef traditionnel n'était pas n'importe qui et n'importe quoi puisque si nous relisons les parcours de ces vaillants chefs , on sera convaincu que ces chefs luttaient pour conserver leur communauté et qui était leur devoir oui puisqu'ils étaient en meme temps les gardiens de la tradition et qui furent aussi à la pointe de la resistance pendant la penetration coloniale et qu'ayant perdu la bataille et non guerre ce sont converti en gardant leur statue à travers le temps pour diriger leur royaume aux cotés de nouveaux rois noirs ces chefs d'états guidés par l'envahisseur et qui nous gouverne en dictateurs et à main de fer avec la mains mise de l'occident et dont le royaume d'obiré en était un exemple mais ce qui fut le plus triste c'est que dans cette industrie visitée, il n'y avait pas quelque chose à offrir au représentant de l'ambassadeur d'Allemagne qui aurait été un vrai souvenir pour lui. Et on ne fut qu'une heure à kouhoro avant de rebrousse route jusqu'à obiré, et d'où on arriva trouver que ces cuisinières qui étaient à pieds d'œuvre depuis le matin avaient déposé dans chaque salle de classe de cette école primaire des plats volumineux et succulents avec toutes sortes de boisons ainsi que le roi qui était venu nous attendre dans cette cours de l'école sous un karitier avec ses notables et tamboureurs pour les adieux. Et il y avait de quoi se régaler à gogo couscous, viande sauvage, pintade, poules, bœuf, mouton, chèvre, porc, vins, alcool, sucreries et autres. Et d'où vite, à notre arrivé, on s'était mis en comité avec le roi pour échanger, bavarder d'un peu de tout et qui suite à ces entretiens, le roi offrait comme cadeau au représentant de l'ambassadeur une canne de marche soigneusement sculpté dans du bois sauvage et au ministre un arc avec sa boite de flèche et son bracelet accompagner de quelques mots de plaisanterie, avant de nous quitter de nouveau pour sa cours en laissant sur place ces tamboureurs et quelques troupes de danseurs qui étaient eux aussi de la fête pour qu'ils nous exécutent quelques pas de danse et qui étaient des troupes lobi, dagari et ganne. Et qui nous tenèrent ainsi en haleine pendant près d'une heure et demi en son sonore et que quand ils eurent terminés, ils avaient pliés leurs bagages ; car il était l'heure de passer à table et on ne quitta obiré que vers 15 heures 30 pour loropeni en abandonna le roi à son peuple et dont selon kologobo il pourrait se rendre n'importe où pour ces besoins mais ne devra pas mettre pieds à terre pendant les jours de marché et cela pendant 3 mois avant de se voir tout permis. Et que malgré la parenté à plaisanterie qui existe entre gan et lobi-gouain-dagari etc il ya des interdits entre eux sur les plans coutumiers et traditionnels car il ne leur ait pas permi de mettre pieds dans la cours royale mais peuvent faire tout devant la porte d'entré et meme empecher le roi d'y sortir ou d'enter pour l'obliger à payer un due et ça meme pendant le decès ou funeraille et ces plaisanteries se traduits par des mots, des jeux et autres et jamais on se fache l'un contre l'autre qui falicite ainsi la cohabitation et la vie entre eux et souvent utilisé pour servir de mediation pour mettre fin à toute forme de dispute interne et externe et à loropeni on avait pu assister un mariage dioula et sachez que chez les et sachez que chez les dioula les mariages se font souvent avec l'accord des deux conjoints qui sont permis de se rencontrer et de discuter pour se mettre d'accord à nos jours, contraire aux temps anciens dont c'était le père qui choisissait un mari pour sa fille et dont elle n'avait pas le droit de refuser ou de décliner le choix de son père comme chez tous les peuples africains et mondiale et qui se poursuit toujours à nos jours avec certains peuples à travers le monde comme chez les peulh, mossi etc au pays des hommes intègres. Et que dans les mariages dioulas tout le monde participe à sa manière et selon ses moyens pour la réussite de cet évènement et qui debute toujours un dimanche par la mise à couvert de la mariée et qui marquerait ainsi le début des rites dans les mariages dioula. Et dont pour mettre à couvert la mariée, on l'envoi quelque part et qui à son retour, on la surprend en cours de route en lui couvrant la tête avec une voile avant de la conduire dans une chambre, où elle passera au moins dix jours et qu'elle ne sortira qu'occasionnellement pour des rites précises et où elle sera entouré de ses camarades filles et quelques vielles pour des conseils et ne découvrira jamais sa face en présence d'un garçon. et les mariages dioula sont des rites moins compliqués et qui suivent des règles, démarches biens cordonnées demande de main, accord des parents, envois des dons (mil, sac de riz, de maïs, organisation des activités et autres). Et dont une fois que la mariée est mise à couvert ces paumes et plantes des pieds seront teintes avec de beaux dessins, sa tête sera très bien tressée et qu'elle sera très bien traitée, et ne mangera que du bon seulement durant ces dix jours et n'usera au service de personne et que tout lui sera servi et qu'elle aura des gens à coté d'elle pour faire ses besoins ; et qui en ces moment là au dehors les activités continueront leur cours jusqu'à sa sortie et qui mettra fin à ces rites. Alors mise à couvert le dimanche dans une chambre comme l'exige la coutume dioula, alors le lundi vielles, jeunes fille et femmes se regrouperont sur la grande place du village pour piler le mil, maïs en vue d'en faire de la farine qui serviront aux repas pour les invités et cela au son des tam-tams, une scène très ferrique et rebondissante. Et que le mardi le matin comme le soir elles se regrouperont pour chanter et danser sur la grande place en attendant la nuit du mercredi qui est le vrai jour dans les mariages dioula. Et dont ce jour là, le menu sera du riz pour les porteurs de la mariée. Oui un rite qui commence tard dans la nuit et cela jusqu'à l'aube sous un climat frais et un ciel constellé d'étoiles et un peu sombre avec l'absence de la reine des astres la lune pour éclairer la zone dont il se faisait aider par des lampes petro-gaz ces lampes anciennes avec des ampoule genre tissu et depuis la nuit tombée les vielles femmes étaient occupées à préparer la mariée pour la danse de ce soir avant de la conduire sur la grande place tout en lui conférant des conseils. Et dont vers les vingt deux heures trente quelques personnes avaient déjà rejoignis la grande place pour commencer à s'échauffer aux sons des tam- tam et cela jusqu'à vingt quatre heures, l'heure à laquelle les choses sérieuses allaient commencer. Et dont malgré l'heure qu'il faisait la place était bondé de monde avec au centre la couche des hommes, entouré par celle des femmes charger d'animer la fête par des chansons et battements de mains, tandis que les hommes étaient chargés de porter la mariée et de danser avec tout en faisant des acrobaties dont souvent certains la mettaient sur leur genou, dos, cou, bras. Et qui était une scène vraiment épatante et qui demande beaucoup maîtrise et de connaissance. Alors mêlé à la foule, j'avais essayé de les imiter à tout et on dansa ainsi jusqu'à 3 heures du matin avant d'observer une pose dont moi de temps en temps je quittais la foule pour aller me mettre à l'arrière du décor en vue de bien les observer et souffler un peu avant de renter de nouveau. Et cette pose était faite en vue de permettre aux danseurs et autres d'aller se reposer un peu et manger de ce riz qu'on avait eu à préparer pour cette nuit seulement. Et qui en ces moments là la mariée était reconduite à la maison. Et dans les rites de mariage dioula à partir du jour que la mariée est mit à couvert elle et son mari ne se voient plus si ce n'est que le jeudi le deuxième grand jour important dans les mariages dioula. Et dans cette portée du mariée, il peut arriver que la mariée échappe au contrôle d'un porteur acrobate et tombe,se blesse et dont on ne pourra plus continuer la danse et que quand elle tombe on entend les gens crier et en récitant des mots qui seraient des prières ou des versets pour soulever la mariée et la conduire à l'extérieur de la foule et la faire assise sur un tabouret et attendre le temps qu'elle récupère et que si elle peut continuer après ,on la verra faire son apparition à l'intérieur de la foule et que la danse ainsi reprenait et dont les vielles ne se passeront pas de conférer des conseils aux porteurs avec des recommandations de faire attention pour ne plus la faire tomber. Et les batteurs de tam-tam avaient une de ces manières pour exciter les gens et la foule et que quand ils sentaient une baisse à la tonalité de leur tam-tam, alors ils allumaient du feu et passaient, repassaient la surface de leur tam-tam au dessus pour le tendre. et la mariée ne quittera définitivement la danse que vers les cinq heures du matin pour aller se reposer tout désaxé, épuisé et qui mettra fin ainsi à la danse et cela avant la prière du fajir. Et permettre aux porteurs aussi d'aller se reposer. Et moi, j'avais quitté la foule vers les 3 heures 30 pour aller retrouver notre case chaude qui nous attendait pour nous réchauffer qui nous avait été affecté pour l'occasion à loropeni sur demande de notre tuteur lobi da cié noufé à son ami dioula bamba daouda fin dont c'était le mariage de son fils qui est militaire deans cette armée du pays des hommes intègres . Et tôt le matin on nous avait envoyé comme déjeuner matinal de la bouillie de petit mil qu'on s'en régala. Et aujourd'hui c'était jeudi deuxième jour très important dans les mariages dioula pour le mari et la mariée car c'était aujourd'hui qu'ils allaient se rencontrer pour leur nuit de noce dont tôt le matin ,les vielles s'attelleront aux préparatifs et que les hommes n'attendront qu'après la prière de seize heures pour aller se regrouper à la mosquée en vue de sceller ce mariage selon les règles de l'islam avec de la kola ou datte et autres trucs nécessaires et qui est très important dans chaque mariage musulman et l'essence essentiel qui est le scellage de ces deux êtres par les liens du mariage. Alors quand on fut à la mosquée et qu'après la prière on ne quitta plus la mosquée ancienne construite au seizieme siecle dans une architecture soudanaise dans un melange de banco et d'argile si ce n'est d'attendre l'arrivé des membres des deux familles. Et ce jour là, la mosquée était bondée de monde en attente et dont plus tard arrivait les parents du marié avec tous les nécessaires qu'on présentera à la foule et qui était la dote et vinrent s'asseoir après l'arrivé des parents de la mariée pour qu'on puisse commencer les rites. Alors quand tout le monde fut en place, le porte parole de l'imam se leva et remercia tout le monde présent et présenta tout ce que a pu trouver les parents du marié pour qu'on scelle ce mariage avant de passer la parole aux deux représentants des deux familles. Et qui ainsi de tour à tour chacun se leva et fut son discours avant que l'imam ne prend la parole pour prodiguer quelques conseils avant de sceller le mariage en prononçant quelques sourates du saint coran qu'il terminera par le fathia et qui au même moment de l'autre coté dans la cours des festivités des maîtres d'artistes étaient attelés à aménager un fauteuil pour la danse de ce soir. Et dont quand l'imam eut finit de sceller ce mariage chacun prononça quelques bénédictions avant qu'on ne se disperse. Et que nous en quittant la mosquée, on était allé nous mêlés dans cette foule qui s'était formé de l'autre coté et d'où depuis la mariée allongée sur une longue chaise soigneusement manufacturée, on la faisait danser, balancer aux sons des tam-tams et qui me rappela la nuit du mercredi avec les mêmes dangers avec ces acrobates. Et qui de derrière les femmes chantaient et battaient des mains. Et ils dansèrent ainsi jusqu'à dix huit heures avant d'aller remettre la mariée aux vielles qui l'attendaient pour la grande toilette avant de la conduire dans la chambre niptiale pour leur nuit de noce. Oui un rite au moment duquel ces vielles donnent des conseils au mariée et la font cadeaux de ce qu'elles ont. Et dans la société dioula comme dans toutes les sociétés africaines et mondiale l'honneur d'une femme mariée compte beaucoup pour la famille par sa virginité le jour de son mariage son mari pendant leur première de rapport sexuel. Et c'est ainsi qu'à dix huit heures la mariée fut conduit chez les vielles qui la lavèrent, la préparèrent et cela jusqu'à une heure tardive avant de l'habiller tout en blanc et la conduire chez son mari et dont comme gardienne et informateur une vielle veillera à leur porte pour pouvoir apporter la bonne ou la mauvaise nouvelle tôt le matin. Oui la preuve qui montrera que la mariée était vierge en apportant le drap tacheté de sang et qui sera une grande joie, bonheur et fête pour la famille et la marié pour avoir tous les honneurs et consideration de la part de tout le monde et se voir combler de cadeaux. Et dont si c'était le contraire, ça serait une grande tristesse, déception, honte pour la famille et qu'ils perdront leur prestige dans tout le village. Et comme ça les activités allaient se poursuivre jusqu'à lundi et qui sera la fin de tout. Et qui pour célébrer cette joie de la virginité de la mariée des grandes marmites seront placées sur feu et que les camarades de la mariée sortiront pour l'accompagner au marigot pour la grande lessive aux sons des tam-tams chantant et dansant et où elles resteront jusqu'au soir et d'où, on les apportera à manger. Et que le samedi les vielles apprendront à la mariée comment cuisiner et qui pour ce rite, ils font abattre une chèvre dont on utilisera que ces intestins avant de se partager les restes de la carcasse. Et dont le dimanche ça sera le jour de la sortie de la mariée et dont ce jour, on présentera à tout le monde tous les dons qu'elle a reçu pour l'emporter chez son mari. Et que le lundi se sera le jour des grandes salutations à travers tout le village et que le mardi ça sera la fin de tout et qu'il ne restera plus que le jour de son déménagement chez son mari. Et apres tout ceci on s'était accompgné en marche sur les ruines de loropeni qui n'était distant du centre de loropeni que de cinq kilomètres dans la direction nord-ouest un peu l'interieur dans cette brousse lorpenienne par une piste perpendiculaire à cet axe gaoua-banfora et qui à ce niveau il y avait un grand panneau surchargé de lettres indicatrices sur lequel je puis lire virage pour les ruines de loropeni et je n'en sais quoi encore et qui placait ces ruines à deux kilomètres de la voie et on marcha à travers brousse et champs avant de déboucher sur une importante et gigantesque construction vaguement carré de quelques centaines de mètres de coté environ et qui par une ouverture et d'où, il a due se produire un éboulement et qui nous servit de porte nous pénétrâmes à l'intérieur dont à chaque recoin des hautes herbes nous rendaient la progression pénible. Et on s'était mit à tournicoter à l'intérieur dont à une dizaine de mètres, nous franchisâmes un deuxième mur aussi considérable que le premier et qui paraissait diviser l'immense carré en deux parcelles très inégales. Et comme ça, on entra dans un grand rectangle avant de nous retrouver dans un compartiment de quelques mètres de coté. Peut être était –il une salle de surveillance ou un entrepôt de vivre car le plan général ne me disait pas grande chose avec ces plusieurs pièces adossées au mur mitoyen ou soit isolées en plein air et que ces éboulis de pierres et de terre étaient surélevées du niveau des abords par une sorte d'ouverture pierres et de terre étaient surélevées du niveau des abords par une sorte d'ouverture vaguement circulaire et qui eut été jadis à hauteur d'homme et qui se trouvait aujourd'hui à ras de terre. Alors en voyant cela, j'essayai d'évaluer l'épaisseur du mur et dont je constatai que cela faisait au moins cinquante centimètres à la base pour la voir rétrécir régulièrement jusqu'à son sommet et que les moellons de bonnes pierres semblaient se rapetisser eux-mêmes à mesure que la construction montait et qu'aux crêtes les plus hautes, une couche de banco s'en surlevait encore d'une cinquantaine de centimètres et que la hauteur dans l'ensemble atteignait au moins six à huit mètres. Alors, je me dis que peut être les bâtisseurs avaient voulu une muraille droite et lisse sans créneaux, sans meurtrières, sans fenêtres à l'extérieur, sans aspérité pour l'escalader, sans fosses au dehors, sans remblai au-dedans oui sans rien qui pouvait me rappeler une quelconque nécessité de défense en cas d'attaque. Et les couches de pierres étaient régulières et reliées de ciment à base d'argile et de sable ce qui ne m'étonna pas de sa densité et de sa dureté avec un crépi de la même nature et qui recouvrait encore les parois par de larges plaques et qui semblait se prolonger jusqu'au bas de la couronne et qui coiffait les crêtes les mieux conservées. Et dont malgré ces proportions l'édifice paraissait encore solide en quelques endroits. Et l'intérieur était jalonné d'arbre comme un grand baobab qui avait prit racine sur un des murs pour se dresser en plein air dans le ciel et à quelques mètres du sol comme porté sur les épaules de quelques titans immobiles et très centenaire dont les silhouettes inachevées étaient pensives et mal assurées de vigies inutiles et poussées par hasard dans les beaux milieux de cette enceinte comme de puissants karités largement centenaire et qui étaient là pour attester l'ancienneté et l'abandon de cette gigantesque construction au milieu de cette brousse aux cotés de paisibles cases gannes et lobi. Et qui pour notre chance, il y avait un gan du nom farma kognouman qui voulu bien nous raconter un peu de travers l'histoire de cette batisse dont dans le passé, on l'appelait la mystérieuse ou maison de refus. Oui ce qui veut dire au claire que dans le passé leur ancêtres se réfugiaient là et dont rien ne paraissait en tout cas hétéroclite que cette bâtisse gigantesque qui est à la mesure de l'histoire et qui essaie de défier le temps fier et lamentable au milieu de cette brousse loropenienne et auprès de quelques cases réduites aux frêle dimensions d'un homme. Et dont cette visite m'avait permis de jeter un regard dans le temps des servitudes sous le fouet de quelques sordides personnages rois, empereurs ou esclavagistes aux sinistres évocations d'une époque ou l'homme esclave gémissait dont l'unesco a declaré comme patrimoine mondiale et en quittant dans la famille de da cié noufé on allait partir en profondeur des regions lobi par kampti, galgoul et dont au fur et à mesure qu'on penetrait ces terres on se sentait devenir comme eux sur ces terres d'obeissance et il faut que je vous avoue quelque chose car j'avais commencé à ressentir une douleur secrete et une peur bleu le faite de me retrouver parmi ce peuple mosaique avec ma famille moyenga djenabou et mon patit garçon diane youssad et qui reveillait en moi une sorte d'inquiètude qui achevait toujours de me troubler et ce qui m'affligeait le plus c'est le faite d'avoir pris ce risque en amenant toute ma famille avec moi sur une terre étrangère à nous loin de notre patrie la guinée dans le pays des hommes intègres inconnu et surtout dans cette region et ce qui me devorait de chagrin ce n'est pas qu'on ne nous aimait pas par ici mais c'est que je me trouvait souvent dans une insensibilité qui ne me laissait point de desirs et dont de cette froideur ressortait une jalousie secrete qui nous devorait contre ce peuple depuis notre arrivé sur cette terre des hommes intègres qui nous dedaignaient souvent dans les rues de sya, de dedougou et que je me posais continuellement cette question est-ce seront nous en sureté ici en pays lobi et c'était à voir et que serait-il s'ils ne nous aiment pas car tout peut nous arriver ici comme une triste aventure dans ce coin éloigné, d'une obscure impunité comme une correstion éclatante qui va chagriner nos cœurs ; alors notre seule consolation était de ne pas penser au pire et continuer si on tient à remplir notre curiosité qui nous a fait sortir de notre village à kissidougou en guinée pour venir nous instruire, cultiver, rencontrer d'autres peuples et surtout ici au pays des hommes intègres meme si je n'avais pas une bonne opinion de ce peuple et qui m'obligeait à demeurer parmi eux pour remplir ma mission que je me suis prescris en venant ici et dont je n'ai pas besoin d'employer de raisonnement fort abstrait puisqu'il ya certaine verité qu'il ne suffit pas de persuader mais faire sentir telles les verités de morale qui touchent plus qu'une entreve subtile et à galgoul on était dans une famille kambou et au debut de la dynastie lobi il y avait de l'humanité, la justice et la vertu existant jusqu'à nos jour et autant liée par la droiture du cœur que par la corruption dont je ne voyais pas de la desolation mais ressentais une pitié que le motif d'une nouvelle union entre eux pour travailler avec une sollicitude commune pour l'interet commun sans difference de cette douce et tendre société nouvelle lobi dans ces coins eloignés et ecartés de ces cantons les plus indigènes menant une vie heureuse et tranquille pour s'en separer et perdre leur vertu qui le coutera plus car il regarderait ça comme une exercice penible et que la justice pour l'autrui soit une charité et prevoir de loin une autre union douce et fidele pour decrire les delices de la vie et le bonheur d'une condition toujours parée d'innocence que les soins et les chagrins n'interrompent jamais la nature qui ne fournisse pas moins dans cette region où la cupidité est etrangère. Ah je ne saurai assez vous parler de la vertu de ce peuple grossisant autour d'un vieillard venerable par son age et qui n'avait jamais voulu se trouver là et qui aurait aimé mourir car il avait le cœur rempli de tristesse , mais dieu lui avait son choix et à dieu ne plaise dit-il que je fasse ce tort que l'on ne puisse croire qu'il n'y ait personne de plus juste que moi car on lui avait deferé la chefferie et qu'il les avait demandé s'ils voulaient absolument de lui oui lui qui les a vu naitre et tout assujettis en se rependant en larmes à ces mots malheureux jour se disait-il et pourquoi avait-il vecu aussi longtemps et s'ecriait d'une voix severe de cette vertu qui commençait à lui peser dont il fallait qu'il les guide et qu'ils soient vertueux en tout temps et tout lieu qui sans cela ils ne subsisteront pas et tomberont dans le malheur meme si ce joug leur paraisserait dur et ces larmes coulaient plus que jamais et se demandait comment pourra-t-il recommander à l'un d'entre eux de faire ou de ne pas faire alors qu'il le ferai tout de meme sans lui car on n'a pas besoin de quelqu'un pour penser et aurait aimé dire dans un penchant à son peuple ô mon peuple je ne pourrai pas assumer cette responsabilité car je suis à la fin de mes jours , mon sang se glace dans mes veines et je vais bientôt quitter ce monde mais pourquoi vous voulez m'affliger cette charge pour m'obliger à vous dire la verité et nous on est là depuis près de deux mois cette region et j'ai été toujours dans un mouvement de continuité dans cette famille kambou avec ma femme et mon petit garçon monsieur kambou ollo et sa femme hien ohoh et qui était un homme très respecté dans le contrée ce qui facilita notre integration et nous permettre de cotoyer beaucoup de gens et avec lesquels on pouvait converser pour ne pas etre depourvu des instructions qu'on était venu s'en acquerir ici ; kampti est aussi grand comme loropeni avec des constructions modernes et traditionnelles et des belles architectures soudanaises et très peuplé le faite de sa position loin d'une des frontières entre la cote d'ivoire et ce pays des hommes intègres et qui était la piste migratoire des dioula et autres venus de kong pour s'installer dans la region de sorte que les jours de marché toutes les rues sont bombées de monde vendeur et acheteur de la region et des pays voisins comme ghana, cote d'ivoir etc pour commercer et marchander et qui fait un bel embarras et vous ne croirez pas peut etre mais depuis deux mois que nous sommes ici dans cette region lobi on n'a jamais vu un grand nombre de peuple qui tirent un grand profit de leur deux pieds et de leur corps mieux que ces lobi car ils marchent trop et que moi qui ne suis point fais pour ce train je m'enrageais souvent à chaque fois qu'on m'eclabousse les pieds ou qu'on me donne un coup de coude dans ces marchés soit par un lobi ou un gan qui vient à moi et qui en me depassant me fait faire un demi tour et que l'autre qui me croise me remet là où le premier m'a pris et que je ne puis faire cent pas sans que je ne sois plus brisé comme si j'avais fais dix mille lieux et ne pensez pas que je puis vous parler maintenant à fond des meurs et coutumes de ces peuples car je n'en aie moi-même qu'une legère instruction que j'ai eu à peine le temps de m'etonner et apprendre des choses du caractère de ces peuples car c'est bien le meme continent qui nous porte tous moi maniga d'origine guinéen et eux lobi originaire du pays des hommes intègres et qu'on est meme par la couleur de la peau meme si on est different sur certains plans coutumier, traditionnel, organistionnel, culturel ; religion etc et eux animistes à cent pour cent sans guide comme chez les chretiens le pape une vieille idole qu'on encense par habitude et moi musulman car ici les habitudes sont d'une curiosité qui va jusqu'à l'extravagance car quand nous fumes arrivé, on fut regardé comme si on y été envoyé du ciel à cause de notre religion musulmane de sorte que tout le monde voulait nous voir car à chaque fois qu'on étalait notre tapis de prière ils nous fixaient intensement et nous traitaient de profanes et voulaient en meme temps comprendre cette nouvelle manière d'adoration d'un dieu invisible contraire à leur dieu toujours materialisé par quelque chose et c'était une chose extraordinaire pour eux dont dans tout le contré on entendait parler partout de nous et qu'on se voyait multiplier tant qu'on n'y croiyait pas avec tant d'honneur et de mepris et qui ne nous laissait pas indifferent meme si on ne se sentait pas personnage curieux par notre religion car on n'aurait jamais imaginé qu'on puisse troubler non reveiller la curiosité de tout un village et qu'en meme temps cela nous excitait de sorte que de temps en temps on s'hasardait dans ces ruelles pour sentir notre cote de popularité et tout ce qui reste de notre admiration et dont à chaque fois cet essaie nous faisait connaitre ce qu'on valait reellement et que libre de tout grace à notre tuteur cette grande personnalité on se voyait apprecier à juste prix sans avoir à nous plaindre meme si on craignait que notre religion ne nous porte prejudice parmi ce peuple animiste et nous faire perdre notre estime et nous mettre dans une affreuse situation ; de sorte que souvent je demeurais à leur compagnie pendant des heures sans qu'on ne me quitte des yeux et sans que je puisse ouvrir ma bouche et que si par hasard quelqu'un les criait ah monsieur est maniga alors j'entendrai autour de moi certainement un bourdonnement comme c'eut été une chose extraordinaire d'etre maniga et qui me mettait toujours mal à l'aise que seule force de notre sortie nous soutenait et nous poussait à continuer et plus tard cette tempete était vite passé et qu'on ne trouva plus de contradiction à l'égard de nos habitudes religieuses et qui allait nous permettre d'entrer dans notre phase d'instruction et de curiosité à notre tour en axant toutes nos discutions sur des questions religieuses et qui plus tard je m'etonnais moi-même de les voir se disputer sans fin des religions et dont je craignais que ces disputes ne me jettent de nouveau dans un embarras inconcevable et qui à chaque fois je me retenais de placer un mot par peur de les offenser car cependant je voulais les plaire et employer avec eux tout d'eux cette vie que j'ai appris il ya trois mois maintenant et dont je sais pas si je me trompais ou non car pour moi la meilleure manière pour y parvenir à nos fins etait de vivre en harmonie avec eux sur tous les plans car celui qui aime à s'instruire n'est jamais oisif et que je me voyais chargé d'une affaire important en venant ici parmi ce peuple avec ma famille et qui me mettait dans occupation continuelle dont j'examinais tout dans la journée pour les ecrire la nuit oui tout ce que j'ai pu, voir, ecouter, entendu, remarqué puisque tout m'interessait et m'étonnait et que j'étais devenu comme un enfant dont les organes sont encore tendres et vivement frappés par les moindres échos car ici à part ce petit incident religieux on se sentait bien à l'aise parmi ce peuple qui nous aimait tant et qui nous avait reçu agreablement et adopté dans leur cœur à cause de notre tuteur et surtout à l'esprit vif et à la gaieté de ma femme djenabou du faite qu'elle recherche tout le monde et qu'elle en est de meme recherché et dont ainsi notre air etranger n'offensait personne et qu'on jouissait meme de surprise et de politesse de ce peuple par notre climat sociable dans ce profondeur de cette region lobi car notre tuteur était un homme très aimable, de consideration et qui était ravi de nous avoir avec lui ainsi que sa femme une dame forte, aimable aussi et qui jouit d'une très grande modestie , d'une gaieté que la vie retiré ôte toujours aux gens et étrangers que nous étions on n'avait rien de mieux à faire que d'étudier ce peuple sur tous les plans qui nous presentait toujours quelque chose de nouveau alors je remarqua d'abord un homme sage dont la simplicité me plut et je m'attachai à lui et que lui à moi de sorte que nous nous trouvions tous les jours ensemble pour échanger et s'instruire et je lui dis ah mon frère tu trouveras peut etre trop de curiosité en moi alors excuse moi d'avance car il ya un tas de trucs que je voudrais connaitre de votre peuple s'il acceptera que lui pose quelques questions car je m'ennui de n'etre au faite de rien et de vivre avec des gens dont je ne saurai demeler mon esprit car depuis que je suis arrivé ici il n'y a pas un seul d'entre vous qui m'a fait du tort à ce que je sacha à part cet incident religieux et qu'il m'avait repondu oui bon vous n'avez qu'à poser vos questions et je vous renseignerai sur tout ce que vous souhaiterez connaitre d'autant que je vous crois homme sincère et directe et que vous n'abuserez pas de ma confiance et je lui dis bon si je commence à vous importuner vous n'avez qu'à me dire car ces peuples goutent entre eux une paix qui ne peut etre troublée et qui est le faite qu'on est tant aimé par ici par tout le monde malgré qu'ils soient animistes et nous musulmans et qui recoivent tout étranger chez eux et vive avec tel qu'il est que je desapprouve pas car il faut vivre avec les gens tels qu'ils sont car souvent les gens qu'on dit etre de bonne compagnie ne le sont pas à chaque fois sauf ceux dont les vices sont raffinées et qui sont souvent comme des poisons dont les plus subtils sont aussi les plus dangereux, alors après une dizaine de question je m'engageai à ne plus poser de question pour ne pas le souffrir davantage avec la fatigue que je sentais dans sa voix pour le peu de temps qu'on eus échangé pour ne pas le busquer, bon est ce que vous pensez que dans un coin pareille où l'on tolère un tas de truc ou laisse vivre un homme qui fait ce qu'il veut et où la vertu, l'obeisance et la justice persiste et qui conduit à la consideration que quelque chose puisse t'arriver de facheux meme si ici en region lobi dont souvent pour s'estimer homme doit arracher une fille à son rival ou une femme à son mari pour fuir avec ou marier en remboursant la dot composé de sept bœuf pour une jeune fille et femme sans enfant et de cinq avec enfant pour calmer la rivalité et reparer les faits ces femmes plus douces et saintes et heureux ceux qui defendent les femmes car la lumière du jour n'est pas plus pure que la chaleur qui existe dans le cœur de ces femmes qui ne pensent toute tremblante pour le jour qui va leur faire perdre leur vertu, virginité d'un jour heureux avec leur homme l'union du cœur et de vie et qui les rendait semblables aux anges et aux puissances incorporelle de cette terre qui les a vu naitre et sur laquelle le soleil a toujours jeté ces premiers regards et qui a été souillée par ces conquerants occidentaux le toubabou qui est venu tout chambouler et qui entretenaient un certain nombre infini de fille sur le continent chez moi en guinée et comme ici au pays des hommes intègres avec un nombre innombrable de derbis à trois vœux qui sont obeisance, pauvreté, chasteté et ici on avait tout trouvé avec ce peuple lobi et tant de reconforts dans des constructions avec une architecture étonnante d'un melange soudanaise et sahelien vu les plans dans leur ensemble generale meme si ce n'était pas suffisant pour nous faire oublier notre village kissidougou en guinée car ici on menait la meme vie que la bas et dont l'avantage ici on s'est cultivé, on a beaucoup appris sur ce pays des hommes intègres, sur les differents peuples qui le compose, sur leur tradition, culture, coutume, organisation, vie et voir sur tous les plans , on s'est instruit, on a decouvris beaucoup de chose et de regions et rencontré beaucoup de gens de peuples biens et mals, bons et mauvais et à parler beaucoup de langue et sans que mon esprit ne perd tout ce qui reste de chez nous à force de persister avec determination au milieu de ce peuple mosaique ; dont ici en region lobi on plus d'hommes que de femmes ce qui amene souvent ces demonstration de courage à l'enlevement des femmes et j'ai appris beaucoup plus en un an sur le sol du pays des hommes intègres que je n'aurais peut etre pas appris en trente ans en étant toujours dans mon village en guinée car chez moi les rites de mariage sont uniforme contraire à ici dont les gens ne sont pas tels qu'on les voit mais tel qu'on les oblige à etre dans cette servitude du cœur et de l'esprit dont on entend parler que de la crainte et qui n'a pas de langage et ni de nature et qui s'exprime si differemment et qui apparait sous tant de forme avec la dissimulation de cet art parmi nous et qui est si pratiqué et si necessaire et qui est si inconnue la voix de l'esprit et du cœur car ici tout se parle , se voit et s'entende et que le cœur se montre comme le visage dans les mœurs, dans la vertu et dans la vie meme avant qu'on aperçois quelque chose de naive parceque ici pour plaire à une femme il faut un talent different de celui qui leur plait encore plus qui consiste à une espèce de badinage qui les amuse dans le caractère lobi sans qu'il n'apparait ridicule qu'à proportion du serieux comme un jour je me trouvais en compagnie d'un homme bien content de lui-même et dont j'hesitai un bon moment avant de me decider de lui poser deux ou trois questions de morale, qutre problemes historiques et cinq points de coutume et qui à ma grande surprise ce jour là car depuis notre arrivé ici en pays lobi on n'avait jamais rencontré un homme aussi eveillé, , visionnaire, si universel et si doué d'esprit alors on laissa de coté les coutumes pour parler des nouvelles du temps present car je voulais me rattraper ainsi je lui parlai de mon pays la guinée et de mon village mais à peine que j'ai ouvris la bouche et prononcer quatre mots qu'il me donne deux dementis fondés, ah bon dieu quel homme est ce là devant moi et mon parti était pris et je me tue pour écouter mon interlocuteur me parler de tout et ce que j'ai trouvé chez ce peuple animiste c'est leur persuasion vive de leur animisme et qui se trouve dans toutes les religions avec tant de profession, de croyance, de conviction à la pratique car la religion est bien moins un sujet de sanctification que de dispute car les musulmans rendent grace à dieu le tout puissant d'avoir envoyé mohamet avec la religion que je professe avec tous ses interets et qui est pure comme le ciel d'où elle est descendue avec le livret saint et dans lequel les lois sont severent contre ceux qui se tuent eux meme et qui sont les memes ici en pays lobi car on les fait mourir une seconde fois en les trainant indignement dans les rues pour les noter d'infamie avant de les enterrer et qui à ce sujet le debat est huileux que certaines trouvent injustes avec des arguments aussi claires à savoir pourquoi empecher quelqu'un de mettre fin à sa vie et de le priver cruellement d'un remède qui est entre ses mains s'il est accablé de douleur, de chagrin, de misère , de mepris et qui va le liberer de tout et moi je ne pouvais rien apporter comme changement à ce peuple qui se consente à etre ce qu'il est et fondé sur un avantage mutuel dont personne ne peut les forcer à renoncer sur quoi que ce soit, mais moi je pense que la vie nous a été donné comme épargne par dieu et que c'est lui qui doit en disposer et reprendre son épargne quand ça le chante et pas à celui à qui on a confié cet épargne car en utilsant cet épargne tu ne fais qu'attirer des soucis de remboursement avec dommage et interet car en se tuant la cause ne cessera jamais comme l'effet de desespoir que beaucoup de gens sur terre tentent chaque jour de noyer dans l'alcool car dieu ce bienfaiteur en nous donnant cet épargne veut nous condamner à recevoir des graces qui accablent et c'est lui qui a uni votre âme à votre corps alors pourquoi vous voulez les separer en s'opposant aux desseins , prescriptions de dieu car allez à l'encontre de dieu cela trouble l'ordre de la providence et la modification de la matière tout en usant du droit de vivre que dieu vous a donné et qui est la vie dont en ce sens on ne peut troubler la fantaisie de la nature des choses sans que l'on puisse dire qu'on ne s'oppose pas à la providence quand l'âme sera separé de son corps pour qu'il ait moins d'ordre et d'arrangement dans l'univers et croyez vous que cette nouvelle combinaison soit moins parfaite et dependantes des lois en generale qui les condamnent et que les œuvres de dieu soient moins importantes pour amener l'homme à vouloir continuellement les cours des choses decretées par dieu par simple orgueil et qui concerne tout le monde qui vit sur la terre de dieu dont nous ne sentons pas notre petitesse puisque nous voulons etre vue par dieu dans tout l'univers , y figurer et etre un objet important dont nous ne sommes qu'un atome subtil et delié que dieu ne s'aperçoit de nous qu'à cause de l'immensité de ces connaissances et qu'il a mis dans le cœur de chaque etre vivant un principe interieur qui combat à notre faveur pour nous mettre à couverts de commettre certains delis à l'encontre de notre createur et qui sans cela on allait etre tous comme des barrières derssées devant dieu et qu'on allait etre dans un frayer toujours continuel sans tranquillité, assurance dans notre vie comme si on se trouvaient devant des lions et ici les peuples ont leurs dieux à part representés par des idoles inanimes dont un homme se decouvre par des exercices tyranniques de sa puissance occulte et qui le fait agir d'une autre manière dont il ne veut pas agir ainsi de peur d'offenser alors comment faire pour changer les imperfection contracdictoires de l'homme qui s'examine toujours quelque chose de satisfaction pour lui meme et trouve qu'il a un cœur juste ce plaisir tout severe qu'il a et qu'il doit ravir et dont il se prend au dessus de tout ceux qui n'ont pas ce cœur , oui si j'étais sûr de suivre toujours inviolablement cette équité que j'aie devant les yeux alors je me croirai le premier des hommes car avec cet esprit de vestige on ne doit pas regarder les progrès comme une éclipse à l'encontre de l'humanite toute entière affligé par la science qui fait germer des effets pervers et secondaire par millier et dont chacun est libre de chemin qui lui convient de meme que la religion car meme que je suis musulman j'apprecie ses animistes car ils ont souvent des cotés positifs et très sociables alors je m'en tiendrai à leur choix car moi-même il faut etre fou pour vouloir me changer de religion et m'en aviser et qu'il ne le fasse sans doute pas si lui-même ne changera pas de religion car je trouve incorrecte d'obliger quelqu'un à faire quelque chose que toi-même tu ne voudras pas le faire. Ici en region lobi il règne la liberté, l'égalité , la reconnaissance, la vertu et le merite et qui ne les sauve pas de la jalousie des rangs qui règne sur la gloire des familles et qui n'est point different de ce que tout etre dissimule en lui et selon moi je pense qu'on augment notre etre lorsque nous pouvons le porter dans la mémoire des autres et qui est comme une nouvelle manière de vivre à travers eux et qui deviendra encore plus precieuse que celle que nous avons et moi j'étais là sur la terre des hommes intègres pour apporter ma touche à travers ce peuple merveilleux très attaché à la vie et sensible au gloire cette noble passion qui nous rend fier par mille manières et dont ce desir de gloire croit avec la liberté et la servitude et bien d'égard ; alors pourquoi aime-t-on la gloire cette heureuse fantaisie avec tant de plaisir et gout oui pour que cesse devant les yeux supplices et recompense le droit public qu'on doit commencer à rechercher soigneusement à l'origine de nos sociétés ridicules et pourquoi me faudrait-il demander la raison et chercher le pourquoi s'ils tiennent à cette option de s'en separer de la vie donné par dieu non je ne me mettrai pas à leur niveau de cette descente en enfer s'ils tiennent à se separer de leur famille, clan, peuple auquel ils sont liés par les liens sacré du sang non et non et c'est pourquoi le partage est égal sur terre par dieu dont chose est double l'homme et la femme , le bon et le mauvais ,l'enfer et le paradis etc ainsi que le monde parfait et l'imparfait avec deux justices pour regler tout et toutes differentes l'une de l'autre dont on a une justice qui regle les affaires particulières qui règne dans le droit civil et l'autre qui regle les differends qui surviennent de peuple à peuple et qui est l'esprit curieux qui brille, qui tyrannise dans le droit public comme si le droit public n'était pas lui-même le droit civil et je vous expliquerai tout ça dans un autre recit ; ici les coutumes sont comme le soleil qui porte partout sa chaleur à nos vies car depuis notre arrivé ici et qu'après ce petit incdent religieux on ne fait que parler de ça de sorte que je me voyais comme un barbare sans culture, sans coutume que cette religion que j'ai recu de mon prophète preferé mohamet que paix et salut soit sur lui et toute sa famille amin dont je ne sais pas le pourquoi, non ce n'est que des mauvaises compagnies que je ne tienne pas à suivre pour m'inserer sur leur voie qui me risquerait de porter prejudice à leur culture, coutume et art trop cultivées et bien pernicieuses à l'egard des autres civilisations et moi je me plait ici et que je suis à l'écoute de tout et que tout m'interesse si c'est instructive au pays des hommes intègres où on cultive de beaux arts pour les regarder comme pernicieux et où on crée et nourrit la culture dans toutes ces dimensions et pourquoi ne ce serais-je pas d'accord avec eux qu'ils ne l'aient avec eux-mêmes car en reflechant bien leur état barbare ne me touche plus ce peuple pour risquer un divorce culturel qui ne sera sans doute sans consequence et insensiblements avec des suites terribles de ce changement et ça ne serait pas necessaise de se l'imaginer ce malheur qui mettrait en péril tous nos efforts jusqu'ici dont on avait commencé à peine à croire à ctte douceur qui s'établisait entre nous comme ce lien qu'on doit conserver etroitement entre la culture et la tradition avec un vœu de resserrer les nœuds sans relache pour eviter une separation regretable avec gene et fatalité sans necessité du destin et compter les degouts, les caprices et l'insociabilités des peuples et fixer les mœurs. Car l'homme s'attache à plus de variable et d'inconstant de la nature sans retour et sans esperance et toujours accablé et mal assortis qu'à l'attachement mutuel à quelque chose de mysterieuse que je ne comprenais pas par ici car pour moi l'effet ordinaire des traditions est de fortifier les nations, les peuples dont on tirera profit ; alors que la modernisation reste loin de ce peuple lobi mais c'était impossible puisque c'est une maladie qui se propage à grande vitesse et qui va surement venir par ici car il s'annonçait dejà à l'horizon dite changer un bon air contre un mauvais air et l'air se change comme les plantes et à galgoul il y a des ruines moins importantes que celles de loropeni et ce peuple lobi n'allait pas echapper de contracter cette maladie accoutumée avec tant de consistance et qui detruit tout sur son passage et qui resiste à tout car si un pays est déserte c'est un prejugé de quelques vices particulières de la nature, du terrain et du climat de sorte que quand on ôtera des hommes du ciel pour les envoyer en ces lieux on ne fera precisement que le contraire de ce qu'on propose hors dieu ne fais jamais du contraire alors je vous met ici le fer à la main et vous confie ce que j'ai de plus precieux ma joie de me retrouver dans ce pays et soyez avec moi car la porte de mon cœur vous etes ouvert et que je vous dois ce bonheur car ici on est bien heureux et heureux est celui qui connaissant le prix d'une vie douce et tranquille de famille et qui ne connaissant d'autre terre que celle qui l'a vu naitre et decide de tout laisser derrière lui pour aller hors de ces frontières pour decouvrir le monde exterieur et à galgoul un jour une tristesse qui s'était saisi de moi m'avait mis dans un état affreux et dans un accablement et qui m'aneantissait suite à une jalousie qui avait allumer et enfanter dans mon âme la crainte et des regrets et dont j'avais pitié de mon etat deplorable et qui dura pendant un bon bout de temps avant de se dissiper comme un efferalgan dans un verre d'eau meme si j'avais peur d'en sortir par un coup cruel et perdre toute ma prestige et mon etat heureux d'etre parmi ce peuple pour cette aventure dont si j'étais sûr d'une chose c'est que je ne mourrai pas en proie dans ctte zone dont vu comme était captivant l'instant et que ma femme djenabou m'avait pressé mille fois de quitter ces terres tout en s'opposant à toutes mes resolutions , buts, motifs comme si elle avait oublié ce qu'on était venu chercher hors il nous restait encore beaucoup de choses à apprendre et elle avait raison car elle pensait que je l'avais un peu oublié au detriment de mes instructions de sorte qu'elle me trouvait insensibles à ces plaisirs et du coup elle était heureuse et malheureuse et comme ça je realisais pourquoi elle souhaitait qu'on rentre chez nous en guinée et auprès de nos parents à kissidougou et à mi-chemin de nos decouvertes et qui était pour moi comme si je rapportais ma tete à mes ennemis de ce pari qu'on c'était fait et encaisser leurs moqueries alors il m'a fallu coute que coute convaincre ma femme à me soutenir et me comprendre pour qu'on puisse rester encore un peu parmi ce peuple dont notre religion les accablait au debut de notre arrivé et que j'evitais souvent de les offense et ni de rendre vive leur haine que je n'osais pas imaginer par crainte de subir un chatiement de leur part et qui seraient des marques eternelles de mon desespoir et supporter leur soupçon puisqu'on était confiné ici pour jouir de mes inquietudes liées à mes reflexions dont ma peur ne trouvera qu'à faire rebut indigne comme un esclave vildont le cœur a été fermé à jamais à tout autre sentiment que celui de l'amour et ainsi je gemissais sur notre sort à mille lieux de chez nous qui nous manquait tant dont rien que d'y penser me plongeait souvent dans un espoir sans faille et que le but de notre sortie fini toujours à nous donner courage de continuer notre chemin et peu importe de la manière qu'on sera traité par ce peuple tout en gardant notre calme et tranquilité interieur et esayer d'appaiser l'atmosphère qui se degradait de jour en jour entre nous pour que ça ne devienne cruel mais pour que tous nos differends disparaissent en vu d'établir cette joie de nos premiers jours et exterminer le crime de l'innocence car la vie n'est pas faite pour ignorer ses sens et etre indigné dans ses desirs et en etre un victime de la honte et de la pudeur des autres. Et loropeni est peut etre un village parmi tant d'autres au pays des hommes intègres et contraire à un grand nombre de lieux à travers le monde mais il est le seul lieu où l'on raffine le plus sur les coutumes et meme peut etre où l'on mene une vie laborieuse axé sur la personnalité et contraire aux pays developpés où pour qu'un homme vive delicieusement il faut qu'un certain nombre de gens travaillent pour lui et dont cette ardeur de travailler est une passion qui passe de condition en condition que personne n'aime à etre pauvre dans ce système, mais est ce qu'il ya une personne sur terre qui a de quoi pour vivre jusqu'à la fin de ces jours non car rien n'est sûr puisque nos destins sont érigés selon la volonté de dieu le tout puissant et l'homme travaillera sans cesse, souffrira, accourira aux risques multiples chaque jour pour s'amasser toujours dit-il de quoi vivre par tous les moyens trahison et se trompera toujours en trompant la vertu humaine pour ces delices ; et ce sage lobi qui se sentait chargé d'une mission le faite qu'on lui avait placé la chefferie leur avait qu'il n'en pouvait pas car il sent venir la fin de ces pauvres jours je vais mourir car je sens le poison de la mort couler dans mes veines et je ne vois pas ce qui pourrait encore me retenir parmi vous sur cette terre d'obeisance car je vois mon ombre s'envoler et bien accompagné car on vient de m'envoyer cet ange sacrilège qui ôtes les âmes et qui a repandu de plus beau sang sur son passage à travers le monde et qui est l'ange de la mort pour m'arracher parmi vous sur cette terre cruelle dont je me demande comment j'ai pu resider aussi longtemps et dont je vous ai vu naitre et temoin de vos caprices pendant vous vous permettez tout et vous eussiez de vos droits pour m'affliger de tous vos desirs avec servitudes et dont je me sens responsable de vous en meme temps pour vous obliger à suivre et respecter nos lois sur celles du monde dont mon esprit s'est toujours tenu independant et que vous devez me rendre grace de ce sacrifice que j'ai toujours fais pour faire respecter l'ordre avec douceur en cachant mon vrai temperament que j'ai lachement gardé en moi et que j'aurai due faire preuve rigoureusement pour ne pas profaner la vertu de notre peuple de ce qu'on appelle par son vrai nom ma soumission à vos fantaisies et tout ça pour que vous ne soyez pas deçu de moi et de me trouver quelque chose de mechant avec l'age que j'ai atteint maintenant sinon si vous m'aviez connu dans ma jeunesse vous trouverez plus de violence, d'autorité en moi que la haine que je porte aujourd'hui envers vous par votre desobeisance en vous laissant profaner les règles de notre peuple car si ce caractere s'était demeuré toujours en moi j'allais vous diriger à main de fer, mais mon cœur a changé mon caractere et je suis devenu doux comme un agneau et quelle chance pour vous et surtout avec les changements etrangers imposé par l'envahisseur et soyez tous heureux car je ne tiens à accabler qui que ce soit de douleur par mes manières et ni de forcer quelqu'un à faire quelque chose qu'il n'aime pas et surtout pas à l'heure dont le poison me consume, que ma force m'abandonne et que je me sens affaiblis jusqu'à et que je meurs pour dire que j'ai été moins heureux parmi vous alors vous mon peuple ce que je vous conseille soyez vigilent, ferme après moi et que l'amour inspire toutes vos actes car c'est ce qui pourra vous guider dans toutes vos decisions et qui assurera votre reussite, succès dans la pureté et la sincerité fondée sur la sagesse humaine et la grace qui ne veut dire autre chose que ce que vous pouvez et laissez moi faire ce premier pas envers vous à l'heure de l'approche de ma mort pour vous demander pardon si telle est votre attente qui va me procurer une double joie mais est ce qu'en formulant ce choix ai-je fait preuve d'attention ou pas mais c'est que mes sentiments ont été inspiré par des motifs purement humains et pour qu'on ne dis de mal après moi et pour ne pas me condamner continuellement dans ma tete, à m'en vouloir à cette fin de ma vie et toi dramane avec ta femme djenabou et votre petit garçon youssad je ne vous oublierai jamais meme à l'audelà qui m'a beaucoup parlé et enseigné de la droiture du cœur et de l'amour comme recommandé par dieu à tout un chacun de nous car à chaque fois je fais mention de lui dans mon cœur ou en reve dramane et sa famille je demande à dieu que l'affection et l'amitié qui l'a uni à notre peuple par sa personnalité sincère et simple soit fructueux pour tous et manifeste et qu'il soit à l'aise à tous les egards là où il sera avec sa famille car j'ai été continuellement rempli de joie, de conseil et d'encouragement depuis son arrivé dans notre contré et qui m'a permi de resister à supporter cette charge que vous m'aviez chargé cette chefferie et remplir ma fonction jusqu'à l'heure de cette approche de ma mort par leur caractère sociable sa femme et lui , leur attachement, manière d'accoster, d'aborder, d'assumer, de regler les choses, les gens, les problemes et toujours avec une douceur, calme, diplomatie et amour hors paire et qui malgré tout le pouvoir que je disposais sur vous j'étais demeuré votre prisonnier et dont dramane m'a toujours soutenu et j'aurais aimé qu'il reste parmi vous après ma mort et devenir un membre à part entière de notre dynastie car personne ne m'a jamais rendu de tel service de l'esprit combatif pour developper un lien entre la vertu et l'amour de sorte que je ne prenais plus aucune decision sans son approbation et son assentiment pour mener à bien mon devoir de chef sans que je sois forcé de suivre tout ce qui sortait de son cœur comme conseil et je suis fier de voir que par son apport l'ordre qui regne sur mon peuple au nom de l'amour des uns envers les autres et maintenant je peux partir en paix dans ma prison des morts tout en gardant des souvenirs sincères sur dramane et sa famille avec une conscience continuelle meme étant physiquement absent parmi vous car je resterai dans vos cœurs et esprits comme dramane et sa famille et la question que je me pose maintenant continuellement est ce que resteras-tu encore parmi vous après ma mort pour vous faire profiter de ces precieux conseils ou bien continueras-tu sa route en partant comme il est venu je ne le sais pas mais je remercie dieu de l'avoir envoyé vers notre peuple car par son soutien et ses connaissances on a reussi à connaitre beaucoup de choses et surmonter beaucoup d'obstacles et qui ont contribué à changer notre mode de vie et dont mon souhait le plus ardent est qu'il reste pour poursuivre son œuvre qu'il a commencé jusqu'à achevement car il m'a été d'un grand service et on ne quitta galgoul que deux semaines après la mort de ce vieux sage direction ouagadougou la grande capitale du pays des hommes intègres pour le FITD en passant par kampti-gaoua-diebougou-dano-pâ-boromo-houndé-sabou-sakoinsé et enfin la ville apres kogoloko et tanghin dassouri et le peage situé à l'entré de la ville et à vingt kilomètres du centre ville pour ce rendez vous du festival international du theatre et danse et qui allait mettre en exgerbe des troupes amateurs et professionnelles des arts en discipline theatre dont il y avait du bon comme du mauvais et qui n'était pas forcement negatif le faite qu'il mettait à nu le coté populaire que se revendique ce festival et qui était le regard jeté par les marchands de theatre comme l'ivoirien ziée coulibaly et prospère compaoré du pays des hommes intègres et qui ce sont gardés d'etre selectifs ; alors toutes les compagnie confirmées ou pas étaient autorisées à venir fouler le sol des hommes intègres pour cette biennale de la culture sur le plan theatral avec des objectifs differents et les troupes agueries étaient venues non pour autant magnifier l'art mais pour charmer les commerçants de spectacle tel que monique Bein, Ziée coulibaly, les sept kouss du senegal, l'odyssée finale sizang de la cote d'ivoire, le koteba, l'épopée du djambatoré du club unesco, l'etudiant du togo, la voie du l'est de djibouti pour ne citer que ces compagnies et qui avaient produites la crème dans l'ensemble des prestattions dont à coté de ce lot de troupes nombreuses d'autres étaient venus pour apprendre ainsi que Badolo awerou le responsable de la modeste troupe feminine du togo qui était le defi du siècle et reconnu en tant que amateur dont ils voulaient gangner toutes les observations de la perfection et qui avait lancé à la fin de leur piece sous forme d'excuse pour leur prestation assez moyenne et sous les plusieurs critiques formulés à leur encontre dont on leur reprochait d'avoir dit leur texte dans une qualité un peu audible et l'occupation scenique qui n'avait pas egalement rencontré l'assentiment des professionnels de l'art du théatre mais en offrant la meme tribune d'expression aux grands comme aux aux petits le festival entendait insufler une dynamique de developpement azimut au niveau des acteurs mais aussi au sein des organisation qui apprehendent ce festival sous un angle federateur car c'est un art federateur grace auquel les africains peuvent tracer les voies de leur developpement et fort de cette conviction que le festival a rassemblé sous meme toit blanc, noirs, jaunes, rouges, riches, pauvres, petits, grands , hommes et femmes de competance diverses et d'une meme cause qui a reuni ces dramatures de tout poil et qui se revelaient à travers leur prestation de comédiens d'artistes modernes en plaçant leur art au service d'un élan de developpement concertisé par ce festival ;en effet malgré le choix libre, il se presente toujours des similitudes entre l'homme ses problemes et ses resolutions qui ont été toujours la sève des differents spectacles et comment pouvait il en etre autrement aujourd'hui si on fait les constats où nos societés contemporaines sont en perte de leur identité culturelle et de leur valeur fondamentale dont tous les artistes n'ont guère le choix comme nous que de faire de ces phenomenes un sujet d'interrogation pour en decouvrir les eventuelles origines de cette derives programmée d'avance dont la troupe zonzi de la republique democratique du congo mettait en scene des fous pour faire la leçon aux normaux dans une logique qui était la leur ; oui quatre pensionnaires d'un asile qui observaient la societé des normaux avec ironie et degout et qui avaient toute la peine de comprendre que genocide, guerre, trahison, violence, mensonge soient autant de fleaux meconnus à l'asile mais qui se trouvent actuellement les fondements de la societé des normaux ceux qui possedent la raison ainsi on dira que la folie a changé de camp pour engendrer toutes ses malaises à notre societé et le choix methodologique pour denoncer l'ingratitude des hommes et d'autres troupes estimaient à travers leur spectacle qu'il fallait remonter bien plus loin dans l'histoire du continent pour trouver les origines de nos malaises actuelles qui secouent l'afrique et qui pour ce fait Gasca théatre de la cote d'ivoire rappelait dans sa piece les causes de l'echec de la lutte du grand conquerant samory touré et qui pouvait etre citer comme exemple pour expliquer le desaroi de l'afrique et la piece avait mis sur scene le roi samory aux portes de daralé un royaume dont le roi Massa ouattara était le maitre qui à l'adresse de ce dernier le conquerant avait envoyé un message de paix pour alliance avec lui afin de combattre ensemble le colonisateur blanc que massa rejeta disant qu'il preferait etre la tete d'un souris que la queue d'un elephant et qui resumait l'image de l'afrique d'aujourd'hui qui est malheureusement le refus au regroupement qui fragilise le continent de jour en jour car elle est inconsciente et qui à cette question avait repondu oui les sept kouss et dedysson pour l'independance dont l'afrique qui avait tant reclamé l'avait obtenue mais curieusement ne sachant quoi faire avce dont les sept individus se trouvaient maitres d'une gare vide malheureusement de toutes ses installations et que malgré l'état des lieux s'étaient installés et s'étaient mis à debiter un verbiage sterile attendant bonnement le train une stupidité qui n'est sans rappeler que notre chere afrique attende que son developpement lui tombe du ciel et dont le theatre dedysson abordait presque dans le meme sens pour defendre notre continent à cheval du point de vue culturel entre la civilsation occidentale et sa propre civilisation une situation qui semble malheureusement plaire et accepté par tous et comme pour repondre à une obligation et toutes les troupes avaient eu un caractère engagé meme si le theatre africain devra encore annoncer son evolution en abandonnant sa fonction exclusivement ludique pour agresser afin de susciter les reveils des consciences et c'est pourquoi cette biennale se voulait éducative que toutes les troupes ont eu par le biais du forum sensibilisé le public contre les fleaux qui menacent notre societé sans se passer de parler du sida fleau presente du siècle, les guerres, les épidemies, l'inconscience de nos dirigeants et hormis les fortunes diverses mais mineures qui ont en realité contribuer à faire nourrir les festivaliers et leur compagnie respective et les rideaux étaient tombés dans une ambiance bonne enfant et comme il fallait s'y attendre car les moments d'adieu sont toujours penibles et que les gorges se nouent par l'émotion et Berthe zanga du club artistique les messagers de l'unesco d'abidjan avait laissé parler son cœur et j'avoue qu'à chaque fois moi-même j'ai toujours eu le cœur serré lorsque vient le moment de se quitter ou de quitter un lieu ou quelqu'un. Et l'envahisseur est venu nous reussir son tour de magie à tout les coups et sur tous les plans dont dans tous ses manuels d'histoire il nous fait croire que nos ancestres étaient des gaulois cette version de l'histoire humaine et qui a fait long feu si on sait tous que c'est faut et que tous les autres manuels d'histoire et de recherche determine le continent africain comme le berceau de l'humanité et que si je comprend bien cette signification donc ça veut dire cet envahisseur vient du noir la couleur unique au monde qui ne change pas et ce n'est qu'un simple trafic de mentalité et on allait continuer notre progression dont en quittant ouagadougou on avait mis le cap les cites de loango et arbinda qui abritent aussi des arts parietales dont la connaissance de ces arts étaient due au dynamisme de quelques maitres dont ces gravures rupestres se localise en zone au nord dans trois zones à savoir arbinda, pobé-manga, markoye dans le oubritenga sur le cite de loango et qui sont des figures, cavaliers, des chevaux non montés, la faune et les armes constituaient les thèmes majeurs ,des scenes de chasses comme à borodougou à quinze kilomètres de sya dont le cite abrite de nombreuses grottes et dont la principale est une caverne de quatre vingt à cent metres cubes de forme rectangulaire avec son interieur richement gravé et regorge egalement de greniers en argile, de gravures dont deux stylisés et une patte d'oiseau se distinguent parmi les multiples figures dont l'art parietal de l'ouest a des leins avec la religion qui à ces curiosités s'ajoutent les peintures de kawara, de yobiri et dans tous ces coins visités il y avait du fascinant, du beau , dans ses expressions immortalisées sur des blocs de granites, des parois rocheux soit une tortue geante blanche, une banane non pourrisable, une femme au reveil agitée, un penseur pour le devenir du monde et ce n'est pas une publicité mais toutes ces sculptures étaient une magnificience née de la finesse de quelques artiste talentueux pour magnifier la nature, la culture, l'histoire et l'univers laissée pour les generations à venir et qui était à saluer car on avait été tous mordu par ces arts gravé et qu'on a pu mesurer la pertinence de ces cites qui étaient tous des industries à part entière et qui allaient surement atteindre tous leur vitesse de croisière avec le temps avec une reconnaissance internationale et apporter leur developpement par le biais du tourisme interne et etranger pour ce pays des hommes intègres et on aurait aimé avoir un echantillon à apporter à loango pour souvenir dans cette province du oubritenga chef lieu zinaire village natal du president blaise compaoré et où il a construit un palais et un parc animal avec beaucoup d'especes dont on a profité faire un tour la bas avant de continuer notre route pour le grand desert en passant par le sanmatenga chef lieu kaya, tougouri en allant vers dori et dont nous fumes escale à tougouri dans la province de nanmatenga chef lieu boulsa et logé chez un vieux sage mossi du nom de kontenga et où j'ai vu des gens discuter au sujet du prénom, du destin et de son degré d'influence qu'on soit née depuis les maternités les plus hupées ou qu'on soit née depuis des cases rondes on est soumis à un meme rite le bapteme qui est le premier cadeau qu'on recoit de la societé dès qu'on pousse notre premier cri après avoir liberer ces pauvres mamans des douleurs de l'accouchement et après neuf à douze mois de gestation aupres de ces vielles ou sages femmes chargés des accouchements et d'annoncer le sexe en vue de permettre aux parents pour commencer à chercher un prenom pour leur enfant sans lequel on aurait manqué quelque chose d'essentiel dans nos designation et très diferent du nom de famille propre à chaque groupe de famille et dont on peut trouver le prenom andré ou abdoul chez chaque famille sur terre et qui caracterise chaque personnalité et qui est l'essence meme de l'identification de chaque individu ; oui car le prenom represente l'homme comme me confiait ce vieux sage et philosophe kontenga et que le choix du prenom incombait une responsabilité depuis les antiquités africaines dont c'étaient les grands parents qui decidaient des prenoms de leurs petits fils et non les pères et qui aujourd'hui avec les changements et la modernité est devenue une responsabilité des pères à trouver un prenom pour leur nouveau né appuyé par cheick omar tall grand marabout et conquerant du fouta djalon chez nous en haute guinée et que le père peut designer une personne pour le faire à sa place car autre fois dans nos societés traditionnelles africaines le cercle des baptisseurs ce choix était en dehors du père mais une affaire de sage et qui était le fruit d'une longue reflexion et qu'il ne suffisait pas d'etre père pour participer à ce choix et qui était toujours mis à l'ecart lors de ce choix une affirmation disctable qui met à nu toute cette importance du port du prenom que le pasteur karambiri mamadou le reconnait également et nous rappel qu'à l'époque des temps anciens bibliques on attribuait aux prenoms une importance considerable car il n'était pas donné au hasar mais à partir d'un calendrier dont les parents formilaient à chaque naissance des vœux pour le nouveau née dont souvent la naissance d'un enfant s'accompagnait avec des circonstances et qui étaient souvent des sources d'inspirations pour le choix du prenom et comme dans la societé africaine ancienne et authentique et dont ses prenoms étaient souvent choisis parcequ'ils vehiculent des realités precises ou toute une autre philosophie et surtout ici au pays des hommes intègres comme chez les mossi par exemple dont certaines personnes portent des prenoms de montagne tanga, de puits kuilga, de pluie saga contraire à chez nous en guinée dont ils portent pour les jours de leur naissance comme tènè pour une fille née un lundi, ardjuma pour un garçon née un vendredi et lamoussa pour un garçon née un jeudi et qui symbolisent une protection du porteur et les ceremonies de baptemes s'achevent toujours par cette phrase pleine d'espoir qu'il reponde à son prenom mais est ce que doit-on admettre que le prenom oriente la personnalité de celui qui le porte car pour moi c'est un probleme vide de sens appuyé par cheick omar tall qu'il n'a aucune influence sur la vie et ni sur l'avenir de la personne qui le porte et qu'on peut porter un prenom dont la signification serait magnifique et etre ce qu'on ne devrait pas etre et vis-versa bon , mauvais, heureux ou malheureux et qui pour cela quand je posai la question à kontenga il n'était pas prêt à intervenir sur ce sujet dont il en avait sa souvenance et c'est comme ce papa iranien qui avait voulu donner le prenom satan à son fils et que toute la ville s'était levé contre pour amener les dirigeants à obliger le père de changer le prenom de son fils pour le bien etre personnel de l'enfant et du pays et kontenga m'avait ajouté que dans l'ancien temps l'intronisation d'un chef africain paasait toujours par un seconde bapteme de l'elu car on attribuait toujours aux nouveaux rois des prenoms de règne et que ce prenom de règne tracait souvent le chemin du jeune roi mais est ce qu'au fond doit-on admettre que l'on suit son prenom ou que c'est le prenom qui oriente la vie du porteur et dont pour cette question kontenga me faisait croire que chacun de nous repond à son prenom et que c'est un culte très ancien et qui me cloturait pas notre sujet car il eut des hommes dans ce monde qui ont porté des prenoms initiallement anodins et qui sont devenus par la suite celèbres comme hitler alors la question que je me pose maintenant quel prenom choisir dans ce cas pour nos enfants que cheick omar tall replique et dit que l'islam recommande à l'homme d'etre optimiste et non pessimiste dans le choix des prenoms pour que le choix du prenom ait une bonne signification et bien regies aux contraires des prenoms interdits mais que dira-t-on pour nos societés animistes qui nomment souvent leur enfant par des choses de la nature, des divinités et de dieu comme ici au pays des hommes intègres, wendé, pengwendé etc dont le pasteur mamadou karambiri pense que chacun est libre de donner le prenom qu'il veut à son enfant conclu-t-il et qui attrait à l'homme dans toutes ses œuvres humaines. **A suivre**

FIN

Avant gôut de la suite « alors en quittant tougouri pour notre progression vers dori, j'étais impatient de decouvrir les vestiges de cette grande region desertique à travers ses peuples, traditions, cultures à majorités eleveurs dans ce pays des hommes intègres.................. **!!!!!!!**

Printed by Books on Demand GmbH, Norderstedt / Germany